Cómo preparar los cócteles

Selow Disth

CÓMO PREPARAR
LOS CÓCTELES

dve
PUBLISHING

© Editorial De Vecchi, S. A. 2019
© [2019] Confidential Concepts International Ltd., Ireland
Subsidiary company of Confidential Concepts Inc, USA
ISBN: 978-1-64461-468-6

Índice

INTRODUCCIÓN 7

ALGUNOS LICORES Y AGUARDIENTES 9

EL BAR EN CASA: LAS REGLAS MÁS IMPORTANTES 15

TRAGOS LARGOS Y TRAGOS CORTOS 19

CÓCTELES A BASE DE WHISKY 23

CÓCTELES A BASE DE GINEBRA 41

CÓCTELES APERITIVO 59

CÓCTELES DIGESTIVOS 71

CÓCTELES DE VERANO 81

CÓCTELES CONTRA EL FRÍO 101

ÍNDICE ALFABÉTICO 119

Introducción

Cabarets elegantes y Cadillacs, *smokings,* visones, música suave y luces tamizadas. Esto eran las películas americanas de los años 50. En apartamentos inmensos de un lujo sobrecargado, los dos «héroes» acababan la noche, casi invariablemente, delante de un *long drink.* El bar —de ensueño— estaba en un rincón del salón. Se oía la música de David Rose tocando *Star dust.* Y cuando los enamorados habían terminado su *Manhattan,* el *happy end* no estaba lejos. Aunque las estrellas de aquella época de Hollywood han desaparecido, los cócteles siguen de moda. No serán los fervientes del retro quienes nos contradigan.

Sueñe con Lauren Bacall y con Bárbara Stanwick. Prepare *Sweet memories, Angel wing* y *Champagne cobbler.* Puede estar seguro de tener éxito entre sus amigos. Pero no olvide añadir una pizca de humor. Hoy en día es indispensable para que su cóctel sea perfecto.

Algunos licores
y aguardientes

Para dar un repertorio de todos los licores que existen en el mundo haría falta una verdadera enciclopedia, pero este trabajo sería inútil, puesto que la mayoría de ellos no salen de las fronteras de su país de origen. En este capítulo encontrará una relación de los licores más conocidos y más utilizados para la preparación de cócteles.

Acquavit
Grano destilado, adjuntando comino.

Amer picón
Aperitivo amargo obtenido de varias plantas, entre las cuales encontramos la genciana, la quinina y la naranja.

Angélica
Licor hecho a partir de varias plantas, pero sobre todo de la angélica.

Angostura
Amargo a base de ron, de plantas aromáticas y de distintas raíces.

9

Anissette (Anis)
Licor obtenido por la destilación de la planta del anís con hierbas aromáticas.

Apple brandy
Licor que se obtiene destilando varias veces la sidra de manzana.

Arak
Licor que proviene de la destilación del arroz y de la caña de azúcar.

Armagnac
Aguardiente de uva que se produce en la región francesa del mismo nombre.

Bénédictine
Licor a base de plantas; fabricado por los monjes de la Abadía de Fécamp.

Bitter
Bebida alcohólica generalmente amarga, a base de plantas.

Blackberry
Licor obtenido con brandy y moras.

Brandy
Coñac.

Cachaca
Producto de la destilación de la caña de azúcar fermentada.

Calvados
Aguardiente de sidra.

Chartreuse
Licor a base de hierbas, preparado por los monjes de la Gran Cartuja. El amarillo es dulce, y el verde es más fuerte.

Cherry brandy
Licor de cerezas.

Coñac
Aguardiente preparado con los vinos de la región de Cognac.

Cointreau
Licor a base de coñac y naranja.

Crema
Licor que contiene mucho azúcar. Se puede extraer, según los casos, de la piña, de los granos de cacao y de la vainilla, del café, de la menta, mandarina, plátano, frambuesa, grosella, fresas, etc.

Curaçao
Licor bastante dulce con aroma de naranja. Típico del Caribe.

Genievre
Licor extraído de las bayas del enebro.

Gentiane
Licor hecho con genciana.

Grand Marnier
Licor a base de coñac, aromatizado con naranja.

Guarapo
Licor obtenido de la sola destilación de la caña de azúcar.

Kirsch
Licor obtenido de la destilación de las cerezas.

Kümmel
Licor a base de comino, hinojo y canela.

Mandarina
Licor de mandarina.

Marrasquino
Licor a base de cerezas ácidas.

Marc
Aguardiente obtenido por destilación de residuos de fruta.

Mirabelle
Aguardiente de ciruelas.

Orange brandy
Licor hecho con una mezcla de brandy y naranja.

Parfait amour
Licor dulce a base de sidra, canela y coriandro, de color violeta.

Peach brandy
Licor obtenido con brandy y melocotón.

Pernod
Licor de característico sabor a anís.

Prunelle
Aguardiente de ciruelas.

Quetsche
Aguardiente de ciruelas, seco.

Ron
Producto de la destilación de la caña de azúcar y de la melaza fermentada. Las variedades más corrientes son: barbados (de típico color claro); cubano (de sabor delicado); demerara (alta graduación y aromatizado); jamaicano (fuerte y picante); martiniqués (de color oscuro); de Caldas, Colombia (aromático y suave); de Puerto Rico (baja graduación).

Schnaps
Aguardiente muy corriente en los Países Bajos, realizados a partir de la fermentación de diferentes frutas.

Jerez
Licor hecho a base de uva blanca, producto típico de Andalucía.

Suze
Producto obtenido de la fermentación de las uvas de genciana y otras plantas.

...racterístico sabor a naranja.

Vermut
Vino licoroso, al que se le añaden numerosos aromas. Existen tres variedades principales: el blanco, el rojo y el seco.

Vodka
Destilado de trigo, patatas, centeno, remolacha, etc.

Whisky
Producto de la destilación de diferentes cereales (cebada, centeno, maíz) fermentados.

Zubrowka
Licor a base de vodka y de hierbas aromáticas.

El bar en casa.
Las reglas más importantes

A continuación le ofrecemos una relación de los productos que más se utilizan, y que a menudo se encuentran en las fórmulas para cócteles:
— Bitter
— Cherry brandy
— Coñac
— Cointreau
— Curaçao
— Gin
— Grappa
— Pernod
— Ron
— Vermut (blanco, rojo, seco)
— Vodka
— Whisky

Veamos ahora cómo se reparten los ingredientes que intervienen en la composición de los cócteles. Hay «bases» y «correctores»; los primeros constituyen el «cuerpo» de la bebida, y los segundos intervienen para modificar el gusto, el aroma y los colores de los precedentes. Los ingredientes que constituyen la «base» son, en general, el whisky, la ginebra, el coñac, el vodka y el ron.

Los «correctores» que tienen un papel principal son los licores dulces, los vermuts, los bitter, los jarabes y los zumos de fruta.

Resumiendo, se puede decir que la «base» da al cóctel un cierto grado alcohólico, mientras que los «correctores», licores muy personalizados pero en general de baja graduación, aportan el aroma. Estas son las reglas que se deben seguir; de no ser así, se corre el riesgo de «inventar» nuevos cócteles.

La coctelera y el vaso mezclador son dos utensilios diferentes. La coctelera se debe agitar con fuerza, pero sin sacudidas excesivas, durante un momento con energía, se deja reposar la mezcla un segundo, se vuelve a agitar, pero ahora de forma lenta y durante más tiempo.

Para el vaso mezclador existe una regla fundamental: no agitar nunca la mezcla, sino revolverla lentamente con una cuchara. Una vez preparado el cóctel, se vierte en los vasos acercando el borde del vaso mezclador, de manera que el hielo no pueda caer en los vasos.

Los cócteles, en la mayoría de los casos, deben servirse helados. Es aconsejable enfriar los vasos en la nevera, o mejor en el congelador, durante algunos minutos.

Al preparar los cócteles no hay que olvidar, algo de vital importancia como es verter en primer lugar, los ingredientes menos alcohólicos y añadir poco a poco los de más alta graduación.

Examinemos ahora los utensilios. Para preparar correctamente un cóctel deberíamos tener:

— abrebotellas
— abrelatas
— batidora
— bowl: en castellano «sopera», pero este término inglés se ha adaptado universalmente.
— coctelera
— cubitera
— cuchara: hacen falta varias, de dimensiones y contenidos diferentes.
— cuchillo: tiene que estar muy afilado y si es posible que la hoja sea de sierra.
— medidor: es un recipiente de cristal con una escala graduada.
— sacacorchos
— sifón

— tenedor: debe tener tres puntas (o dos, pero nunca cuatro) razonablemente afiladas.
— triturador de hielo
— un vaso mezclador

Los vasos son una parte importante en el aparejo de un bar. Será muy conveniente que disponga una gran variedad. He aquí los vasos más empleados para los cócteles:

— flauta: pie corto, con el cáliz alto y estrecho, puede ser de pequeña o mediana capacidad.
— napoleón: pie mediano y cáliz ancho, de capacidad variable.
— gota baja: de forma cilíndrica y ligeramente panzuda, este modelo es el que tiene la base más ancha de todos los modelos de vaso que se usan en los cócteles.
— gota alta: se diferencia del modelo anterior por tener una mayor altura y un menor diámetro de la base.
— copa: se distingue de los dos vasos que acabamos de describir por su empuñadura.
— tumbler: vaso en forma de cubilete, cilíndrico, generalmente sin ningún ensanchamiento, de capacidad variable (ancho o estrecho).

Tragos largos
y tragos cortos

Ha llegado el momento de distinguir, en la gran familia de los cócteles, las distintas bebidas. Dividamos pues los cócteles en dos grandes familias: los tragos largos y los tragos cortos *(long-drinks, short-drinks)*. Los primeros son mezclas, a veces sin alcohol, servidos casi siempre helados, en gran cantidad y en vasos de gran capacidad. Los segundos tienen mayor cantidad de alcohol, se sirven en pequeñas cantidades y en vasos más pequeños.

Existe una tercera categoría de bebidas llamada *on the rocks* donde no hay más que un solo ingrediente, vertido sobre cubitos de hielo previamente colocados en el vaso.

Vamos a dar ahora una descripción detallada de los diferentes tipos de cócteles, de forma que se les pueda distinguir según su composición, su empleo y su presentación.

Buck
Trago largo refrescante en cuya composición interviene siempre el zumo de limón y una bebida gaseosa.

Cobbler
Trago largo, generalmente poco alcohólico, servido en vasos llenos de hielo picado y adornado con pedacitos de frutas.

Cooler
Trago largo, particularmente refrescante, no muy alcohólico, servido siempre con abundante soda y muchos cubitos.

Cup
Trago largo, a base de vino o de sidra, preparado anticipadamente en el *bowl*.

Daisy
Trago corto, a base de aguardiente, limón y soda; se sirve helado.

Fix
Trago corto, con zumo de frutas servido en vasos llenos de hielo picado.

Flip
Trago corto, con aguardiente, cerveza y azúcar; se sirve caliente.

Highball
Trago largo, servido en vasos grandes, con hielo y una bebida gaseosa.

Punch
Trago largo, generalmente compuesto de zumo de limón, de azúcar y de ron blanco.

Rickey
Trago largo, a base de ron, coñac, ginebra o whisky, en cuya composición entran siempre el limón o la sidra y una bebida gaseosa; jamás el azúcar.

Sangaree
Trago corto, generalmente compuesto de aguardiente, servido siempre con nuez moscada.

Sour
Trago corto, con zumo de limón y una cereza.

Swizzle
Trago largo, preparado directamente en el vaso y servido con una varilla para mezclar.

Toddy
Trago largo, a base de ginebra, de whisky o de ron, fuertemente aromatizado, con agua y azúcar.

Zobie
Trago largo, de origen tropical, compuesto por ron, zumos de fruta, fruta fresca y mucho hielo.

Zoom
Trago corto, que contiene miel y crema batida o líquida.

Cócteles a base de whisky

Appetizer

1/3 de zumo de limón
2/3 de whisky canadiense
1 cucharadita de azúcar
Algunas gotas de angostura
Agitar en la coctelera con hielo. Servir en copa con una corteza de limón.

Barbary Coast

1/3 de crema fresca
1/3 de crema de cacao
1/3 de whisky
1 golpe de ginebra
Agitar en la coctelera durante un largo rato y servir frío pero sin hielo, en una copa ancha, espolvoreando cacao en polvo por encima.

Bittersweet

1/3 de zumo de naranja
2/3 de whisky americano
1 cucharadita de azúcar
Mezclar en la coctelera. Servir en vasos de whisky con una gota de bitter.

Blacktorn

1/2 de vermut seco
1/2 de whisky irlandés
3 gotas de anís
Agitar durante un largo rato en la coctelera con el hielo picado. Servir en vaso alto.

Bobby Burns

1/3 de vermut blanco
2/3 de whisky escocés
3 gotas de Bénédictine
Agitar en la coctelera con mucho hielo. Servir en vasos altos con hielo. Añadir cortezas de limón.

Boomerang

1/3 de vermut seco
1/3 de punch
1/3 de whisky escocés
1 cucharadita de zumo de limón
1 golpe de angostura Siegert
Mezclar en la coctelera y servir con una corteza de limón.

Boston Sour

1 clara de huevo a punto de nieve
1/5 de zumo de limón

24

4/5 de whisky americano
1 cucharadita de azúcar en polvo
Agitar vigorosamente la coctelera. Poner varios cubitos de hielo en un vaso grande y alargar con soda hasta las tres cuartas partes.

Bowbells

1/3 de vermut seco
2/3 de whisky
1 gota de Chartreuse amarillo
1 gota de angostura Siegert
Agitar en la coctelera. Servir en copa ancha adornada con una cereza.

Brainstorm

1/4 de vermut seco
1/4 de Bénédictine
2/4 de whisky
Agitar la coctelera con hielo y servir en una copa adornada con una corteza de naranja.

Cablegram Highball

1/4 de zumo de limón
3/4 de whisky americano
Verter los ingredientes directamente en un vaso grande con cubitos de hielo; acabar de llenar el vaso con soda y mezclar suavemente. Servir con una corteza de limón.

California Lemonade

1/6 de jarabe de grosella
5/6 de whisky americano
zumo de limón
Agitar vigorosamente la coctelera con hielo. Llenar hasta la mitad un vaso grande, añadir soda muy helada y decorar con una rodaja de limón, una de naranja, dos granos de uva y dos guindas.

Campo Sud

3/7 de whisky escocés
2/7 de ginebra
2/7 de ron
1 golpe de zumo de limón
1 golpe de vermut blanco
1 golpe de Cherry brandy
Agitar la coctelera con un poco de hielo. Servir en copas flauta con una guinda al marrasquino.

Chartreuse

1/6 de vermut seco
2/6 de Chartreuse amarillo
3/6 de whisky americano
Mezclar en el vaso mezclador con algunos cubitos. Se sirve en vasos de whisky decorados con una guinda.

Churchill

1/6 de zumo de limón
1/6 de vermut
1/6 de Cointreau
3/6 de whisky
Agitar vigorosamente en la coctelera. Servir en vasos de cóctel con cubitos de hielo y un grano de uva.

Commando

1/6 de zumo de limón
1/6 de Pernod
1/6 de triple seco
3/6 de whisky americano
Agitar vigorosamente en la coctelera. Servir en un vaso grande con hielo y un grano de uva.

Commodoro

1/4 de zumo de manzana
3/4 de whisky americano
1/2 cucharadita de azúcar
1 cucharadita de zumo de limón
2 golpes de Amer Picón
Mezclar en el vaso mezclador con hielo. Servir en un vaso grande con mucho hielo. Adornar con una rodaja de naranja o de limón y algunos granos de uva negra.

Criollo

1/4 de oporto
3/4 de whisky
2 golpes de Bénédictine
2 golpes de jarabe de grosella
Preparar en el vaso mezclador, con abundante hielo. Servir en vaso ancho con una corteza de limón cortada en espiral y una guinda.

Derby Fizz

1 huevo
Whisky a discreción
Azúcar
1 golpe de curaçao
Preparar en coctelera, con mucho hielo. Servir en vaso alto, con hielo, llenando las tres cuartas partes. Añadir soda y mezclar con suavidad.

Dixie Julep

Whisky americano a discrección
Unos golpes de angostura Siegert
Unas gotas de Amer Picón
Preparar directamente en el vaso, previamente lleno hasta la mitad de hielo picado, con algunas hojas de menta y un poco de azúcar. Mezclar lentamente los componentes. Finalizada la operación, decorar con una hoja de menta.

Fancy Free

Whisky americano
2 gotas de marrasquino
1 gota de Amer Picón
1 golpe de angostura Siegert
Agitar en la coctelera con cubitos de hielo. Verter en un vaso estrecho cuyos bordes habrán sido bañados en zumo de limón y azúcar.

Florida

1/3 de zumo de limón
1/3 de zumo de naranja
1/3 de whisky americano
1 cucharadita de jarabe de grosella
Preparar en la coctelera, con abundante hielo. Servir en copa ancha con hielo picado. Decorar con una rodaja de naranja, otra de limón y un rabanito.

Flying Dutchman

1/8 de vermut blanco
1/8 de vermut seco
2/4 de whisky americano
1/4 de whisky escocés
1 golpe de Cointreau
Agitar vigorosamente en la coctelera. Servir en un vaso estrecho. Decorar con una corteza de limón.

Ginger-Ale Bourbon

1/3 de bourbon
2/3 de ginger-ale
Mezclar directamente en el vaso. Servir con una rodaja de limón y otra de naranja.

Horse's Neck Highball

1/5 de zumo de limón
4/5 de whisky americano
Verter directamente en un vaso estrecho en el fondo del cual ya se habrán colocado cubitos de hielo. Llenar el vaso con soda. Mezclar suavemente y servir decorado con una corteza de limón

Imperial Fizz

1/4 de zumo de limón
1/4 de ron
2/4 de whisky
Preparar en la coctelera, con mucho hielo. Servir llenando las dos terceras partes de un vaso alto en el que previamente se ha colocado hielo picado. Añadir soda y mezclar suavemente. Decorar con una rodaja de limón y una guinda. Servir con caña.

Irish

2/3 whisky irlandés
1/6 de curaçao
1/6 de Pernod
1 cucharadita de marrasquino
1 golpe de angostura Siegert
Preparar en el vaso mezclador con mucho hielo. Servir en copas con una corteza de limón y una aceituna.

Irish Coffee

1/3 de café caliente
1/3 de whisky irlandés
1/3 de crema batida o nata
Verter el café, el whisky y después la crema batida, siguiendo siempre este orden. No mezclar. Se le puede añadir una cucharadita de azúcar. Mezclar lentamente

Irish Collins

1/4 de zumo de limón
3/4 de whisky irlandés
1/2 cucharadita de azúcar
Agitar vigorosamente en la coctelera con muchos cubitos de hielo. Se llenan los dos tercios de un vaso alto en el cual se ha puesto hielo picado previamente. Añadir soda. Decorar con una rodaja de limón y una cereza.

Japanese Fizz

1 clara de huevo
1/4 de zumo de limón
1/4 de oporto
2/4 de whisky americano
Agitar vigorosamente en la coctelera con cubitos de hielo. Llenar los dos tercios de un vaso alto donde ya se ha echado hielo picado. Añadir soda y mezclar suavemente. Decorar con una rodaja de limón, una rodajita de zanahoria y una cereza. Servir con un mezclador.

Jet

1/4 de vermut seco
1/4 de Amer Picón
2/4 de whisky
Unas gotas de Apricot brandy
Se prepara en el vaso mezclador. Servir en una copa con hielo con un trocito de albaricoque o de melocotón.

King

1 yema de huevo
1/2 de oporto
1/2 de whisky escocés
1 cucharadita de azúcar
Agitar vigorosamente la coctelera con hielo. Servir en una copa llenándola hasta la mitad y añadiendo cava seco, muy frío.

King Edward

1/3 de vermut seco
1/3 de Amer Picón
1/3 de whisky
1 golpe de angostura Siegert
Preparar en la coctelera, con hielo. Servir en copa baja, adornada con un rabanito con hojas.

King's Club

1/8 de Fernet Branca
1/8 de jarabe de grosella
3/4 de whisky americano
Mezclar en la coctelera con hielo. Servir en copas grandes con corteza de naranja y trozos de piña cortados en dados.

Ladies

Whisky americano
2 gotas de Pernod
2 golpes de angostura
1 toque de anisette
Agitar suavemente la coctelera con hielo. Servir en un vaso estrecho con algunos trocitos de piña.

Lancero de Bengala

Whisky americano
1/2 cucharada pequeña de azúcar en polvo
Remover suavemente. Llenar una copa hasta la mitad, añadir cava bien frío y una rodaja fina de naranja.

Liberal

2/6 de vermut
1/6 de Amer Picón
3/6 de whisky

2 golpes de angostura Siegert
Preparar en el vaso mezclador. Servir en copa baja, con una rodaja de naranja como decoración.

Los Angeles

1 huevo (clara y yema)
1/4 de zumo de limón
3/4 de whisky
Unas gotas de vermut
1/2 cucharadita de azúcar
Utilizar la coctelera, con hielo. Servir en vaso alto sin decoración.

Magic Trace

1/2 de crema de mandarina
1/2 de whisky
1 cucharadita de vermut seco
1 gota de zumo de limón
Agitar en la coctelera con hielo. Servir en una copa.

Mamie Highball

1/4 de zumo de limón
3/4 de whisky
1 golpe de angostura Siegert
Preparar directamente en un vaso estrecho en el fondo del cual se habrán puesto cubitos de hielo. Añadir mucha soda y mezclar suavemente. Servir con una corteza de limón y una rodaja de zanahoria.

Mancino

1/6 de zumo de limón
5/6 de whisky
2 gotas de anisette
1 cucharadita de azúcar
Utilizar el vaso mezclador, con abundante hielo. Servir en vaso estrecho con una rodaja de limón. Puede añadirse soda.

Manhattan

1/3 de vermut
2/3 de whisky o bourbon
2 gotas de angostura
Se prepara en el vaso mezclador con cubitos de hielo. Servir en copa, con una guinda al marrasquino.

Mickey Mouse

1/4 de vermut blanco dulce (Martini)
3/4 de whisky
1 cucharadita de zumo de limón
Unas gotas de jarabe de frambuesa o grosella
Agitar en la coctelera con hielo. Servir en copa baja con una guinda y corteza de naranja.

Modern

1/5 de zumo de limón
1/5 de ron
3/5 de whisky
2 gotas de Pernod
1 gota de Amer Picón
Agitar la coctelera con hielo durante un buen rato. Servir con hielo picado en una copa. Decorar la presentación con una corteza de limón y una rodaja de naranja.

Montecarlo

1/3 de Bénédictine
2/3 de whisky
2 golpes de angostura Siegert
Agitar en la coctelera con cubitos de hielo. Servir en un vaso estrecho con unas gotas de calvados.

Morning Glory

1/2 de coñac
1/2 de whisky
1/2 cucharada de jarabe de frambuesa
Unos golpes de curaçao
Preparar en la coctelera, con hielo. Servir en copa flauta, con una guinda como motivo de decoración.

Morning Glory Fizz

1 clara de huevo
2/5 de anisette
3/5 de whisky
1/2 cucharada de azúcar
Utilizar la coctelera, con hielo. Servir en vaso ancho, añadiendo un golpe de zumo de pomelo y soda muy fría.

Morning Smile

1 yema de huevo
1/2 de leche
1/2 de whisky
1/2 cucharada de azúcar
Agitar en la coctelera con cubitos de hielo. Servir en copa ancha, recubriendo ligeramente la superficie con nata.

Mountain

1 clara de huevo
1/6 de zumo de limón
1/6 de vermut blanco dulce
1/6 de vermut seco
1/2 de whisky
Preparar en la coctelera, con hielo. Servir en copa ancha, con hielo picado, dos granos de uva negra, media guinda confitada y una rodajita de zanahoria.

Mousquetaire

1/3 de zumo de limón
1/3 de Cointreau
1/3 de whisky
Agitar en la coctelera con cubitos de hielo. Servir en una copa, con dos cerezas, o en un vaso estrecho, con soda y una rodaja de limón.

Old Fashioned

Whisky bourbon
1 terrón de azúcar (se empapa con la angostura)
2 gotas de angostura Siegert
Se prepara directamente en un vaso bajo y ancho, con dos cubitos de hielo. Servir con una rodaja de naranja y una cereza. Previamente, con una cuchara se ha exprimido la naranja.

Onda Azurra

Whisky
1 golpe de curaçao azul
1 golpe de crema de plátano
Agitar en un vaso con hielo. Servir adornado con corteza de naranja.

Oriental

1/4 de vermut rojo
1/4 de curaçao blanco
2/4 de whisky
1/2 cucharadita de zumo de limón
Agitar durante bastante tiempo en la coctelera, con cubitos de hielo. Servir en un vaso bajo y adornado con una rodaja de pomelo.

Palmer

1/6 de zumo de limón
5/6 de whisky
3 gotas de angostura Siegert
1 gota de vermut seco
Preparar en la coctelera, con hielo. Servir en vaso estrecho, decorado con una corteza de naranja y otra de limón.

Periferia

1/4 de oporto
1/4 de ron
2/4 de whisky
3 gotas de angostura Siegert
1 gota de Amer Picón
Agitar en la coctelera, con un poco de hielo. Servir en un vaso bajo, con una rodaja de naranja y un trocito de piña.

Récord

1/5 de zumo de piña
1/5 de zumo de limón
3/5 de whisky canadiense
1 cucharadita de jarabe de frambuesa
Agitar en la coctelera. Servir con hielo picado en una copa decorada con un trocito de piña, una rodaja de limón, una corteza de naranja y una cereza.

Red Devil Reviver

1/5 de zumo de tomate
1/5 de zumo de limón
3/5 de whisky irlandés
2 gotas de salsa Worcester
1 golpe de pimienta negra en polvo
Agitar en la coctelera con hielo. Servir en un vaso bajo con abundante hielo.

Rob Roy

1/2 de vermut rojo
1/2 de whisky
1 gota de angostura Siegert
Agitar en la coctelera con hielo. Servir en una copa, con una rodaja de naranja y una cereza.

Sardegna

1/5 de vermut seco
2/5 de bitter amargo
2/5 de whisky
1 golpe de vermut rojo
Agitar en la coctelera con hielo. Servir con una cereza.

Sazerac

Whisky
1 golpe de angostura Siegert
1 cucharadita de azúcar
Preparar directamente en vasos estrechos, enfriados con anterioridad en el congelador. Mezclar con la ayuda de una cuchara. Servir
añadiendo unas gotas de Pernod y una corteza de limón.

Scotch Highball

Whisky escocés
Verter en un vaso ancho, donde previamente se han colocado cubitos de hielo. Añadir soda y ginger-ale en gran cantidad y mezclar
lentamente. Servir con corteza de limón y caña.

Southern Julep

1/2 de una bebida gaseosa sin alcohol
1/2 de whisky
1 cucharadita de azúcar

Se prepara directamente en las copas previamente llenas hasta la mitad de hielo picado, con algunas hojas de menta. Mezclar suavemente, pero durante largo rato. Decorar con una ramita de menta.

St. Patrick's

1/3 de crema de menta verde
1/3 de Chartreuse verde
1/3 de whisky irlandés
Preparar en el vaso mezclador, con hielo. Servir con mucho hielo. Decorar con una hojita de lechuga.

Tea for Two

2/5 de té
3/5 de whisky
1 golpe de jarabe de grosella
1/2 cucharadita de azúcar
Agitar en la coctelera con cubitos de hielo. Servir en un vaso bajo, con unas gotas de limón.

Tipperary

1/3 de vermut blanco
1/3 de Chartreuse verde
1/3 de whisky
Agitar vigorosamente en la coctelera con hielo. Servir en copa baja con un grano de uva blanca.

Toronto

1/4 de Fernet Branca
3/4 de whisky
1 golpe de angostura Siegert
1/2 cucharadita de azúcar
Se prepara en el vaso mezclador, con cubitos de hielo. Mezclar de forma suave durante un largo rato. Se sirve en copa baja.

Tuxedo Julep

1/4 de ron
3/4 de whisky
Preparar directamente en las copas (previamente enfriadas en el congelador), llenas hasta la mitad de hielo picado. Añadir algunas hojas de menta y un poco de azúcar en polvo. Mezclar suavemente durante bastante rato. Decorar con trocitos de piña y una guinda.

Westminster

1/4 de zumo de piña
1/4 de vermut seco
1/2 de whisky
Agitar en la coctelera con cubitos de hielo. Servir con hielo picado. Decorar la presentación con un trocito de piña y corteza de pomelo.

Whisky Collins

1/4 de zumo de limón
3/4 de whisky
1/2 cucharadita de azúcar en polvo
Agitar en la coctelera con cubitos de hielo. Llenar hasta la mitad los dos tercios de un vaso o un vaso ancho en el cual se habrá puesto con anterioridad hielo picado. Añadir soda muy fresca, decorar con una rodaja de limón y una cereza. Se acompaña con caña.

Whisper

1/3 de vermut blanco
1/3 de vermut seco
1/3 de whisky
1/2 cucharadita de zumo de pomelo
Agitar vigorosamente en la coctelera con hielo. Servir con un cubito y una rodajita de pomelo, o con una cereza.

Whisper of the Frost

1/3 de oporto
1/3 de jerez
1/3 de whisky
Agitar en la coctelera con hielo. Servir en un vaso estrecho con una rodaja de limón y otra de naranja.

Cócteles a base de ginebra

Alexander III

1/3 de crema de leche
1/3 de crema de menta blanca
1/3 de ginebra
Agitar en la coctelera con cubitos de hielo. Servir en un vaso estrecho.

Ambassador

1/4 de vermut blanco
1/4 de crema de plátano
2/4 de ginebra
1 cucharada de zumo de limón
Agitar en la coctelera con mucho hielo. Servir en copa ancha, con trocitos de piña y una ciruela pasa.

Army and Navy

1/3 de zumo de limón
2/3 de ginebra

1 cucharadita de jarabe de frambuesa
Agitar en la coctelera con mucho hielo. Servir en un vaso grande, con dos o tres rodajas de limón.

Around the World

1/3 de zumo de piña
2/3 de ginebra
1 cucharadita de crema de menta verde
Agitar durante bastante rato en la coctelera con mucho hielo. Servir con trocitos de piña y una cereza al marrasquino.

Atlantic

1/3 de vermut rojo
1/3 de calvados
1/3 de ginebra
2 golpes de zumo de limón
1 golpe de Pernod
Se prepara en vaso mezclador, con hielo. Servir en un vaso estrecho o en copa baja.

Bermuda Highball

1/5 de vermut
2/5 de coñac
2/5 de ginebra
Preparar directamente en un vaso ancho, con cubitos de hielo. Se añade mucha soda y se mezcla suavemente. Se decora con una rodaja de naranja y una corteza de limón. Se sirve con caña.

Black Hawk

2/5 de whisky
3/5 de ginebra
Agitar en la coctelera con hielo. Servir en un vaso estrecho con hielo.

Blackmail

1 yema de huevo
1/2 de oporto
1/2 de ginebra
Agitar vigorosamente durante un buen rato con cubitos de hielo en la coctelera. Servir en un vaso estrecho, sin decoración.

Boxcar

1 clara de huevo
1/5 de zumo de limón
2/5 de triple sec
2/5 de ginebra
1 golpe de jarabe de grosella
Preparar en la coctelera, con abundante hielo picado. Servir en vaso estrecho, humedeciendo los bordes con zumo de limón y pasándolo por azúcar.

Bronx

1/5 de zumo de naranja
1/5 de vermut seco
1/5 de vermut rojo
2/5 de ginebra
Agitar en la coctelera con cubitos de hielo. Servir en vaso bajo con una corteza de naranja.

Bronx Silver

1 clara de huevo
1/5 de zumo de naranja
1/5 de vermut blanco
1/5 de vermut seco
2/5 de ginebra
Agitar vigorosamente en la coctelera con hielo. Se sirve en vaso bajo.

Cardinale

1/5 de Campari
2/5 de vermut seco
2/5 de ginebra
Se prepara en vaso mezclador, con hielo. Servir en copa, con cortezas de naranja y de limón.

Carioca

1/4 de zumo de limón
1/4 de vermut blanco
2/4 de ginebra
1 golpe de angostura Siegert
Preparar en el vaso mezclador con hielo. Servir en copa, adornada con una rodaja de limón.

Caruso

1/3 de vermut seco
1/3 de crema de menta verde
1/3 de ginebra
Se prepara en vaso mezclador, con hielo. Se sirve en copa.

Casanova

1/3 de ron
1/3 de coñac
1/3 de ginebra
1 golpes de angostura
Agitar en la coctelera con un poco de hielo. Servir en un vaso estrecho con un cubito de hielo.

Charlie Chaplin

1/4 de zumo de limón
1/4 de Apricot brandy
1/2 de ginebra

Se prepara en vaso. Servir en un vaso estrecho, con corteza de limón y una cereza.

Circus Rickey

1/5 de zumo de limón
1/5 de jarabe de frambuesa
3/5 de ginebra
Agitar en la coctelera con cubitos de hielo. Llenar el vaso hasta la mitad, añadir soda muy fría y servir con una corteza de limón.

Clover Club

1 clara de huevo
1/4 de zumo de limón
3/4 de ginebra
1 cucharadita de jarabe de frambuesa
Agitar vigorosamente la coctelera con cubitos de hielo. Servir en vaso estrecho con una corteza de limón, una de naranja y mucho hielo.

Colonial II

1/4 de zumo de pomelo
3/4 de gin
1 cucharadita de curaçao
Agitar en la coctelera con cubitos de hielo. Servir en una copa con una aceituna.

Conca d'Oro II

1/7 de Cointreau
2/7 de cherry brandy
4/7 de ginebra
1 cucharadita de marrasquino
Agitar en la coctelera con hielo. Servir en un vaso estrecho, con una espiral de corteza de naranja.

Cream Fizz

1/6 de crema de leche
1/6 de zumo de limón
2/3 de ginebra
Agitar en la coctelera con cubitos de hielo. Llenar los vasos hasta sus dos tercios, añadir soda muy fría y mezclar suavemente. Decorar con una rodaja de limón y una corteza de pomelo.

Delicious Sour

1/5 de zumo de limón
1/5 de cherry brandy
3/5 de ginebra
Agitar en la coctelera con algunos cubitos de hielo. Llenar hasta la mitad un vaso bajo, añadir un poco de soda muy fría y mezclar suavemente. Añadir una rodaja de limón y una cereza para su presentación.

Dixie

1/4 de vermut seco
1/4 de Pernod
2/4 de ginebra
1 cucharadita de zumo de naranja
Agitar en el vaso mezclador con hielo. Servir en una copa decorada con una corteza de limón.

Dubonnet Highball

1/3 de Dubonnet
2/3 de ginebra
Preparar directamente en un vaso ancho en el que se habrán colocado previamente cubitos de hielo. Mezclar con una cuchara, añadir soda muy fría y volver a mezclar de nuevo, con más suavidad. Servir con una corteza de limón.

Duque de Manchester

1/3 de vermut rojo
1/3 de vermut blanco
1/3 de ginebra
Se prepara en vaso mezclador, con hielo. Servir en copa con fresas.

El Morocco

1/3 de vermut blanco
1/3 de Campari
1/3 de ginebra
Preparar directamente en un vaso bajo con cubitos. Decorar con una rodaja de naranja.

Fairbank

1/3 de vermut seco
2/3 de ginebra
2 golpes de crema de piña
1 golpe de Amer Picón
Agitar en la coctelera con cubitos de hielo. Servir en copa baja adornada con una corteza de naranja.

Fancy Smash

Ginebra
1/2 cucharadita de azúcar
Agitar con cubitos de hielo en una coctelera, en el fondo de la cual se habrán prensado con anterioridad algunas hojas de menta. Servir en vasos bajos con hojas de menta y frutas del tiempo.

Fun and Games

1/4 de zumo de limón
1/4 de crema de casis
2/4 de ginebra
1 golpe de Amer Picón

Agitar en la coctelera con hielo. Servir en copa ancha con un cubito de hielo, una rodaja de limón, una rodajita de zanahoria y una corteza de naranja, de la que se eliminará la parte blanca de su interior.

Gimlet

1/3 de zumo de limón
2/3 de ginebra
2 gotas de ajenjo
1/2 cucharadita de azúcar
Preparar en vaso mezclador, con hielo. Servir en vaso estrecho con una rodaja de limón.

Gin and It

1/3 de vermut
2/3 de ginebra
Verter directamente en una copa baja en la cual se habrá puesto un cubito de hielo. Servir con una corteza de limón.

Gin Swizzle

1/4 de zumo de limón
3/4 de ginebra
1 golpe de angostura Siegert
1 cucharadita de azúcar
Verter directamente en un vaso ancho el hielo picado, el zumo de limón, el azúcar y un poco de soda. Mezclar suavemente. A continuación se añade la ginebra y la angostura y, por último, se llena el vaso con soda. Servir con una corteza de limón.

Green Dragon

1/8 de crema de menta verde
1/8 de Kümmel
3/4 de ginebra
1 golpe de Amer Picón

1 cucharadita de zumo de limón
Agitar en la coctelera con hielo. Servir en copa ancha, con hielo picado, añadiendo una rodajita de limón, una de naranja, una corteza de pomelo y una guinda.

Green Lady

1/3 de zumo de limón
1/3 de Cointreau
1/3 de ginebra
Unos golpes de Pernod
Agitar vigorosamente en la coctelera, con cubitos pequeños de hielo. Servir en copa con una hoja de albahaca.

Houla Houla

1/3 de zumo de naranja
2/3 de ginebra
1 golpe de curaçao
Agitar en la coctelera con hielo. Servir en copa ancha, con una corteza de naranja y una de pomelo.

Isola d'Oro

1/4 de cherry brandy
1/4 de triple sec
1/4 de vodka
1/4 de ginebra
Agitar en la coctelera con hielo. Servir en copa con un trocito de melocotón, un dado de piña y una cereza.

Kandahar Fizz

1 clara de huevo
1/4 de zumo de limón
1/4 de crema de leche
2/4 de ginebra

1/2 cucharadita de azúcar
1 golpe de Grand Marnier
Agitar vigorosamente en la coctelera con cubitos de hielo. Llenar un vaso alto hasta los dos tercios, en el que se habrá puesto hielo picado. Añadir soda muy fría. Mezclar suavemente. Decorar con una rodaja de limón y una cereza.

King

1/3 de vermut
2/3 de ginebra
1 golpe de angostura Siegert
Agitar en el vaso mezclador con hielo. Servir en una copa.

Leave It to Me I

1/5 de marrasquino
1/5 de Apricot brandy
3/5 de ginebra
1 cucharadita de zumo de naranja
Agitar vigorosamente en la coctelera con hielo. Servir en un vaso estrecho o en una copa con una guinda al marrasquino.

Long Glen Highball

1/3 de Cointreau
2/3 de ginebra
Verter directamente en un vaso ancho en el cual se habrán puesto cubitos de hielo. Agitar suavemente. Cuando el vaso esté lleno añadir un poco de extracto de naranja amarga o de bitter lemon y se remueve de forma muy suave. Decorar con una rodaja de limón.

Lullaby

1/4 de Cordial (licor afrutado)
3/4 de ginebra

Agitar en la coctelera con algunos cubitos de hielo. Servir en una copa estrecha con una pequeña corteza de limón.

Martini Dry

1/7 de vermut seco
6/7 de ginebra
Preparar en vaso mezclador, con hielo. Se sirve en copa baja con una aceituna y una corteza de limón.

Martini on the Rocks

1/8 de vermut seco
7/8 de ginebra
Preparar directamente en un vaso en el cual se habrá puesto hielo con anterioridad. Servir con una aceituna y una corteza de limón, cuyo zumo se habrá exprimido en el vaso.

Mayfair

1/4 de zumo de limón
1/4 de Apricot brandy
1/2 de ginebra
Agitar vigorosamente en la coctelera con hielo picado. Servir en un vaso estrecho con una corteza de naranja.

My Fair Lady

1 clara de huevo
1/4 de zumo de pomelo
1/4 de zumo de piña
2/4 de ginebra
Preparar en coctelera, con hielo. Remover lentamente. Se sirve en copa ancha, decorada con fresas

New Orleans Fizz

1 clara de huevo batida a punto de nieve
1/4 de zumo de limón
1/4 de crema de leche
2/4 de ginebra
1 golpe de Peychaud
Agitar en la coctelera con cubitos de hielo. Servir en vaso alto llenándolo hasta la mitad. Añadir soda u otra bebida gaseosa muy fría y mezclar suavemente.

Ópera

1/4 de Dubonnet
1/4 de curaçao
2/4 de ginebra
Agitar en la coctelera con hielo. Servir en una copa baja con una rodajita de naranja.

Pacific I

1/4 de cherry brandy
1/4 de Cointreau
2/4 de ginebra
Agitar con algunos cubitos de hielo en la coctelera. Servir en copas flauta adornadas con una cereza.

Parfait

1/5 marrasquino
2/5 de aguardiente de ciruelas
2/5 de ginebra
Agitar vigorosamente en la coctelera con algunos cubitos de hielo. Servir acompañado de un poco de agua con gas y una guinda al marrasquino.

París

1/4 vermut seco
1/4 de crema de casis
2/4 de ginebra
Preparar en vaso mezclador, con hielo. Servir en una copa decorada con una rodajita de zanahoria.

Princetown

1/3 de oporto
2/3 de ginebra
Unas gotas de Amer Picón
Preparar en el vaso mezclador con mucho hielo. Servir en un vaso bajo con una corteza de limón.

Roaring River

2/3 de ron
1/3 de ginebra
1 golpe de jarabe de grosella
Unos golpes de angostura Siegert
Agitar vigorosamente en la coctelera con cubitos de hielo. Llenar hasta la mitad un vaso ancho y añadir soda a continuación. Mezclar suavemente.

Rose I

1/4 de vermut seco
1/4 de Apricot brandy
1/2 de ginebra
3 golpes de jarabe de grosella
1 golpe de zumo de limón
Remover con cuidado pero durante bastante tiempo en el vaso mezclador con cubitos de hielo. Servir en copa baja con una corteza de limón cuyo zumo se habrá exprimido previamente en la copa.

Russian

1/3 de crema de cacao
1/3 de vodka
1/3 de ginebra
Agitar vigorosamente en la coctelera con algunos cubitos de hielo.
Servir en copas flauta.

Silver Fizz

1/4 de zumo de limón
3/4 de ginebra
1 cucharadita de azúcar
1 clara de huevo
Agitar vigorosamente en la coctelera con cubitos de hielo. Llenar
hasta la mitad un vaso alto, añadir soda bien fría y mezclar con suavidad. Servir con una rodaja de limón

Smile

1/4 de jarabe de frambuesas
3/4 de ginebra
2 cucharaditas de zumo de melocotón
Agitar un buen rato en la coctelera con hielo picado. Servir en una copa
ancha, añadiendo eventualmente fruta del tiempo cortada en dados.

Snow Ball

1/5 de crema de leche
1/5 de crema de menta blanca
3/5 de ginebra
Agitar en la coctelera con hielo. Servir en una copa baja.

St. Raphael

2/3 de vino tinto
1/3 de ginebra

54

Mezclar con un poco de hielo picado en el vaso mezclador. Servir con una corteza de limón en una copa baja.

Tennis

1/3 de crema de menta verde
2/3 de ginebra
1 cucharadita de zumo de limón
Agitar lentamente en la coctelera. Servir en copa ancha.

Top Hat

1/3 de Apricot brandy
2/3 de Sloe-gin
1 cucharadita de zumo de limón
Agitar en la coctelera con cubitos de hielo. Servir en un vaso estrecho, con una corteza de limón cuyo zumo se habrá exprimido en el vaso.

Tuxedo

1/4 de vermut seco
3/4 de ginebra
1 golpe de jarabe de grosella
2 golpes de Amer Picón
1 golpe de Pernod
Preparar en el vaso mezclador con cubitos de hielo. Servir en un vaso estrecho con una corteza de naranja y otra de pomelo.

Up Side

1/4 de zumo de naranja
1/4 de Grand Marnier
2/4 de ginebra
Agitar vigorosamente en la coctelera con hielo. Servir en un vaso ancho con una rodaja de naranja y una espiral de corteza de limón.

Virgin

1/4 de zumo de pomelo
1/4 de crema de menta blanca
2/4 de ginebra
Remover durante un largo rato en el vaso mezclador. Servir en copa baja, con una rodaja de pomelo y una hoja de lechuga.

Webster

1/6 de zumo de limón
1/6 de vermut seco
1/6 de Apricot brandy
3/6 de ginebra
Agitar en la coctelera con hielo. Servir en copa baja con albaricoque cortado a pedacitos.

Wembley

1/3 de vermut seco
2/3 de ginebra
1 golpe de calvados
1 golpe de Apricot brandy
Agitar en la coctelera con cubitos de hielo. Servir en copa baja, decorada con dados de manzana.

White Baby

1/4 de crema de plátano
1/4 de Cointreau
2/4 de ginebra
Agitar vigorosamente y durante mucho rato en la coctelera con hielo. Servir en copa baja decorada con rodajas de plátano.

White Way

1/3 de crema de menta blanca
2/3 de ginebra
Agitar en la coctelera con cubitos de hielo. Servir en copas altas.

You

1/5 de aguardiente de ciruelas
2/5 de kirsch
2/5 de ginebra
Agitar en la coctelera con cubitos. Servir en copas altas sin decoración.

Zaza

1/3 de Dubonnet
2/3 de ginebra
1 golpe de Amer Picón
Preparar en el vaso mezclador con hielo. Servir en copa baja con una aceituna de hueso.

Zíngara

1/4 de vermut
3/4 de ginebra
1 golpe de crema de casis
Preparar en el vaso mezclador con hielo picado. Servir en copa baja.

Cócteles aperitivo

Alfonso

1/4 de vermut seco
1/4 de ginebra
2/4 de Grand Marnier
1 golpe de vermut rojo
2 golpes de angostura Siegert
Preparar en la coctelera, con hielo. Servir en vaso alto con una corteza de limón como decoración.

Americano

1/2 de vermut rojo
1/2 de Campari
Preparar directamente en la copa, mezclado con un poco de hielo. Servir con cubitos de hielo, soda a voluntad y una corteza de limón.

Arianna

1/3 de vermut seco
1/3 de triple sec
1/3 de vodka

Mezclar durante mucho rato en el vaso mezclador con cubitos de hielo. Servir en copa alta.

Black Martini

1/2 de vermut
1/2 de Blackberry
Agitar vigorosamente en la coctelera con hielo. Servir en copa baja con una aceituna con hueso y una corteza de limón cuyo zumo se habrá exprimido previamente en la copa.

Bloodhound

1/3 de vermut rojo
1/3 de vermut seco
1/3 de vodka
Algunas frambuesas maduras
Agitar en la coctelera con cubitos de hielo. Servir en copa con las frambuesas. Presentar con la corteza de limón como decoración.

Bloody Mary

1/4 de zumo de tomate
3/4 de vodka
1 cucharadita de zumo de limón
2 golpes de salsa Perrin s
1 golpe de Tabasco
Preparar en el vaso mezclador con cubitos de hielo. Mezclar suavemente y servir en un vaso ancho con una rodaja de limón y pajas.

Bombay

1/4 de vermut rojo
1/4 de vermut seco
2/4 de coñac
1 golpe de crema de mandarina
Preparar en la coctelera, con hielo. Servir en copa baja adornada con una guinda y una espiral de corteza de naranja.

Brandy

1/4 de curaçao
3/4 de coñac
1 golpe de angostura Siegert
Agitar durante bastante rato en la coctelera. Servir en copa baja, con hielo y con una corteza de naranja.

Brandy Crusta

1/5 de curaçao
4/5 de coñac
1 golpe de marrasquino
1 cucharada de zumo de limón
1 golpe de angostura Siegert
Preparar en la coctelera, con hielo. Servir en copa baja con el borde humedecido en zumo de limón y pasado por azúcar. Se decora con una corteza de limón.

Bushranger

1/3 de Dubonnet
2/3 de ron blanco
1 golpe de angostura Siegert
Agitar en la coctelera con algunos cubitos de hielo. Servir en vaso bajo.

Cavaliere

1/3 de Chartreuse
1/3 de triple sec
1/3 de coñac
2 golpes de angostura Siegert
Agitar en la coctelera con cubitos de hielo. Servir en vaso bajo con dos cubitos de hielo.

Classic

1/6 de zumo de limón
1/6 de curaçao blanco
1/6 de marrasquino
3/6 de coñac
Preparar en el vaso mezclador, con hielo. Servir en vaso estrecho, con el borde bañado en zumo de limón y pasado por azúcar. Se puede decorar con una rodaja de naranja

Cremisi

1/4 de vermut rojo
1/4 de bitter amargo
3/8 de Cointreau
1/8 de ginebra
Preparar en el vaso mezclador con cubitos de hielo. Servir en copa alta, añadiendo un poco de cava bien frío y decorado con una hoja de menta, una rodaja de naranja y una guinda al marrasquino.

Danubio Azul

1/2 de vermut seco
1/4 de curaçao
1/4 de ginebra
Mezclar vigorosamente en el vaso mezclador con hielo. Servir en copa ancha con una rodaja de limón y una de zanahoria y una ramita de hinojo.

Depth Bomb

1/3 de calvados
2/3 de coñac
1 cucharadita de zumo de limón
1 golpe de jarabe de grosella

Agitar durante mucho rato en la coctelera con cubitos de hielo. Servir en copa baja, con una rodaja de limón y una de naranja.

El presidente

1/4 de vermut rojo
3/4 de ron blanco
2 golpes de angostura Siegert
Preparar en el vaso mezclador con hielo. Servir en copa alta, con una guinda al marrasquino o con un gajo de pomelo.

Fair Weather

1/3 de coñac
2/3 de calvados
2 golpes de Amer Picón
1 golpe de angostura Siegert
Agitar en la coctelera con cubitos de hielo. Servir en copa baja, con una rodaja de naranja y otra de pomelo.

Fancy

1/5 de cava
4/5 de coñac
1 golpe de curaçao rojo
1 cucharada de zumo de limón
1 golpe de angostura Siegert
Servir directamente en copa baja con hielo.

Fiesta

1/5 de Kümmel
1/5 de ginebra
3/5 de vodka
Agitar en una coctelera con cubitos de hielo. Servir en copa alta sin decoración.

Funny Girl

1/2 de vermut rojo
1/4 de Amaro Cinzano
1/4 de coñac
2 golpes de Amer Picón
Remover en el vaso mezclador con hielo picado. Servir en copa baja, con una rodaja de naranja y una larga corteza de limón.

Girasol

1/2 de bitter con alcohol
1/2 de vermut seco
1 golpe de ginebra
1 golpe de angostura Siegert
Preparar en el vaso mezclador con hielo. Servir en copa alta, adornada con un rabanito y una rodaja de naranja.

Gymkana

1/3 de zumo de limón
1/3 de curaçao azul
1/3 de coñac
1 golpe de ginebra
Agitar vigorosamente durante mucho rato en la coctelera con cubitos de hielo. Servir en copa baja, con una rodaja de limón y una corteza de pomelo.

Harvard

1/4 de vermut
3/4 de coñac
2 golpes de angostura Siegert
1 cucharada de zumo de limón
1 golpe de jarabe de grosella
Preparar en el vaso mezclador, con hielo. Servir en copa baja con cubitos de hielo. No se debe decorar.

64

Jack

1/4 de oporto
1/4 de vermut rojo
1/4 de cherry Brandy
1/4 de ginebra
1 cucharada de zumo de limón
Preparar en la coctelera, con hielo. Servir en un vaso estrecho con una rodaja de limón y una corteza de mandarina.

Kansas

Vermut rojo
1 cucharadita de curaçao rojo
1 cucharadita de zumo de limón
1 cucharadita de zumo de naranja
Agitar en la coctelera con mucho hielo. Servir en copa baja, con un golpe de mandarina.

Klondike

1/3 de vermut seco
2/3 de calvados
2 golpes de angostura Siegert
1 golpe de anisette
Preparar en el vaso mezclador, con hielo. Servir en vaso estrecho con una hoja de lechuga como adorno.

Man

1/4 de zumo de limón
1/4 de Bénédictine
2/4 de coñac
1 golpe de angostura Siegert
Preparar en el vaso mezclador con hielo. Servir en copa baja con un cubito de hielo, una rodaja de limón y una corteza de naranja.

Martinique

1/3 de vermut rojo
2/3 de ron
2 golpes de Amer Picón
Preparar en el vaso mezclador con mucho hielo. Servir en vaso bajo. Añadir una rodaja de naranja y una de limón.

Milano-Torino

1/2 de Amaro Cinzano
1/2 de vermut rojo
1 cucharadita de zumo de limón
Se prepara en el vaso mezclador, con hielo. Servir en copa baja, con soda y una corteza de limón.

New Yorker

1/3 de vermut seco
1/4 de jerez seco
1/4 de ginebra
1 golpe de Cointreau
Agitar en la coctelera con hielo. Servir en vaso estrecho adornado con una guinda marrasquinada.

Olympic

1/3 de zumo de naranja
1/3 de curaçao
1/3 de coñac
Agitar en la coctelera con cubitos de hielo. Servir en copa baja, con una guinda como adorno.

Palmito

1/4 de vino Marsala
1/4 de Amaro Cinzano
2/4 de vodka

Revolver en el vaso mezclador con cubitos de hielo. Servir en vaso bajo con una corteza de naranja.

Pax

2/5 de Cointreau
1/5 de ginebra
1/5 de whisky
1/5 de vodka
1 golpe de angostura Siegert
Remover en el vaso mezclador con cubitos. Servir en copa alta.

Pompier

2/3 de vermut seco
1/3 de crema de casis
Preparar directamente en vaso estrecho con cubitos de hielo y un poco de soda. Adornar con una guinda.

Press

1/5 de whisky
4/5 de vodka
2 golpes de Amaro Cinzano
2 golpes de Strega o Grand Marnier amarillo
Agitar en la coctelera con cubitos de hielo. Servir en copa grande con una rodaja de naranja cuyo zumo se habrá exprimido previamente en ella. Adornar con granos de café.

Red Velvet

Dubonnet
2 golpes de Amer Picón
Cava
Mezclar suavemente en el vaso mezclador. Llenar una copa hasta la mitad. Añadir el cava, volver a mezclar pero muy suavemente. Servir con una corteza de naranja.

Rhum Crusta

1/4 de zumo de limón
3/4 de ron
1 golpe de marrasquino
1 golpe de angostura Siegert
Preparar con hielo en el vaso mezclador. Servir en copa ancha, con el borde bañado en zumo de limón y pasado por azúcar. Decorar con una espiral de corteza de limón.

Satanás

1/4 de zumo de naranja
1/4 de vermut rojo
1/4 de vermut seco
1/4 de ginebra
1 golpe de Grand Marnier
1 golpe de Amer Picón
Agitar en la coctelera con cubitos de hielo. Servir en copa baja con hielo picado y una rodaja de naranja.

South Pole

1/4 de zumo de piña
3/4 de vermut seco
Preparar en el vaso mezclador con cubitos de hielo. Servir en vaso estrecho con el borde previamente bañado en zumo de limón y pasado por azúcar.

Spring

1/4 de zumo de melocotón
3/4 de coñac
2 golpes de Amer Picón
Agitar en la coctelera con hielo picado. Servir en copa baja con una corteza de limón y otra de naranja.

Sweet Memories

1/3 de vermut seco
1/3 de curaçao rojo
1/3 de ron blanco
Agitar en la coctelera con hielo picado. Servir en copa baja, con una corteza de limón como complemento.

Tampico

1/3 de Amaro Cinzano
2/3 de Cointreau
2 cucharaditas de zumo de limón
1 cucharadita de zumo de naranja
Preparar en el vaso mezclador con hielo picado. Servir en copa baja, con una rodaja de limón y otra de naranja.

Tequini

1/5 de vermut seco
4/5 de tequila
Mezclar, agitando vigorosamente, en la coctelera con cubitos de hielo. Servir en vaso bajo con una corteza de limón cuyo zumo se habrá exprimido antes en el vaso.

Upstairs

1/5 de zumo de limón
4/5 de Dubonnet
Preparar en el vaso mezclador con hielo picado. Llenar hasta la mitad un vaso bajo, añadir un poco de soda. Servir con una rodaja de limón.

V.I.P.

1/4 de zumo de piña
1/8 de zumo de limón
1/8 de vermut seco
1/4 de ginebra
1/4 de ron blanco

Agitar durante bastante rato en la coctelera con un poco de hielo picado. Servir en copa baja, con una rodaja de limón y un dado de piña.

Vodka Gipsy

1/4 de Bénédictine
3/4 de vodka
1 golpe de angostura Siegert
Preparar en el vaso mezclador con hielo. Servir en copa alta.

Volga

1/5 de zumo de naranja
1/5 de zumo de piña
3/5 de vodka
1 golpe de jarabe de grosella
1 golpe de Amer Picón
Preparar en el vaso mezclador con mucho hielo. Servir en copa baja, con una corteza de naranja y otra de limón.

Cócteles digestivos

After Dinner

2/3 de cherry brandy
1/3 de Grand Marnier amarillo
1 cucharadita de zumo de limón
Preparar en la coctelera, con hielo. Servir en copa baja con una corteza de limón como decoración.

After Supper

2/3 de Apricot brandy
1/3 de curaçao rojo
1 golpe de Grand Marnier amarillo
1 cucharadita de zumo de limón
Preparar en el vaso mezclador, con hielo. Servir en copa baja con una corteza de limón.

Angel Wing

1/3 de crema de leche
1/3 de crema de cacao
1/3 de coñac
Preparar directamente en copa alta tomando la precaución de no mezclar los ingredientes ni de acompañar el combinado con hielo.

Anís

1/2 de anís
1/2 de jarabe de grosella
Preparar directamente en vaso bajo, añadiendo al final un tercio de soda y una corteza de limón.

Armagnac

1/4 de Grand Marnier
3/4 de Armagnac
1 cucharadita de zumo de limón
1 golpe de Amer Picón
Preparar en vaso mezclador, con hielo. Servir en copa baja con una corteza de naranja como decoración.

Black Jack

2/5 de café frío
2/5 de kirsch
1/5 de coñac
Preparar en la coctelera, con hielo. Servir en baso bajo y espolvorear con azúcar (al gusto).

Bols Pousse Café

1/8 de crema de cacao
1/8 de crema de plátano
1/8 de crema de menta verde
1/8 de Gold Liqueur
1/8 de curaçao
1/8 de Parfait Amour
1/8 de Apricot brandy
1/8 de ginebra
Preparar directamente en vaso estrecho, sin hielo. Se deberá tener cuidado de no mezclar los ingredientes.

Cadrin Pousse-café

1/4 de Chartreuse verde
1/4 de curaçao
1/4 de kirsch
1/4 de coñac
Verter lentamente en un vaso estrecho, tomando la precaución de no mezclar los ingredientes.

Champs Elysées

1/5 de zumo de limón
1/5 de Chartreuse verde
3/5 de coñac
1 golpe de Amer Picón
Agitar bien en la coctelera con un poco de hielo. Servir en una copa baja, con una rodaja de naranja y una espiral de corteza de limón.

Charly Max

1/5 de limonada con gas
4/5 de cava
1 golpe de angostura Siegert
Mezclar muy despacio en el vaso mezclador con cubitos de hielo. Servir en copa baja con una rodaja de limón.

Cointreau Daiquiri

1/4 de zumo de limón
2/4 de Cointreau
1/4 de ron
Preparar en el vaso mezclador con hielo picado. Servir en vaso estrecho con una corteza de limón como complemento decorativo.

Donald Duck

1/3 de crema de cacao
1/3 de Cointreau
1/3 de coñac
Verter directamente en vaso estrecho, con lentitud y siguiendo el orden indicado, intentando que los ingredientes no se mezclen. Servir sin hielo.

Esmeralda

1/5 de vermut seco
1/5 de curaçao azul
3/5 de vodka
Preparar en coctelera, con hielo. Servir en copa alta con cubitos, una espiral de corteza de naranja, una rodaja de pomelo y una guinda.

Fog Cutter

1/6 de zumo de limón
1/6 de zumo de piña
1/6 de coñac
3/6 de ron blanco
Preparar en el vaso mezclador con hielo. Servir en copa baja. Añadir al finalizar la mezcla un golpe de Grand Marnier rojo.

Forbidden

1/4 de crema de cacao
1/4 de crema de vainilla
2/4 de coñac
Realizar la mezcla en la coctelera. Servir en copa baja.

Gin Fizz

2/3 de ginebra
1/3 de zumo de limón
1 cucharadita de azúcar en polvo

Preparar la mezcla en la coctelera. Agitar vigorosamente durante varios minutos. Servir en copa ancha con una rodaja de limón.

Holandés

1/3 de curaçao
2/3 de coñac
1 golpe de Amer Picón
Preparar en vaso mezclador, con hielo. Servir en copa baja, con una rodaja de naranja y una corteza de limón, previamente exprimida en la copa.

Honeymoon

1/2 de calvados
1/2 de Bénédictine
2 cucharaditas de zumo de limón
2 golpes de curaçao rojo
Agitar en la coctelera con algunos cubitos de hielo. Servir en copa alta. Se puede adornar con una corteza de limón.

Ice Coffee

Café
1/2 cucharadita de azúcar
2 golpes de vermut seco
1 golpe de ginebra
Preparar directamente en vaso bajo con hielo picado. Se puede completar la presentación con algunos granos de café.

Jersey

1/3 de Chartreuse verde
2/3 de coñac
Preparar en el vaso mezclador, con hielo. Servir en copa ancha.

Karate

1/5 de crema de mandarina
2/5 de Drambuie
2/5 de coñac
1 golpe de angostura Siegert
Preparar en la coctelera, con abundante hielo. Servir en copa baja, adornada con una rodaja de naranja.

Leave It to Me II

1/8 de jarabe de frambuesa
1/8 de zumo de limón
3/4 de coñac
Agitar en la coctelera y servir. Se sirve en copa ancha.

Mar del Plata

1 yema de huevo batida
1/2 Chartreuse amarillo
1/2 de coñac
Se vierte cuidadosamente en un vaso estrecho, siguiendo el orden indicado y tratando de no mezclar los diferentes ingredientes. El vaso se debería enfriar previamente, pero no de forma excesiva.

Miramar

1/4 de vermut rojo
1/4 de vermut seco
2/4 de vodka
1 golpe de jarabe de cerezas
Preparar en el vaso mezclador, con hielo. Servir en copa alta con una corteza de limón, que previamente se habrá exprimido en la copa.

New Long

1/4 de zumo de naranja
1/4 de vermut seco
1/4 de Tripe Sec
1/4 de vodka
1 terrón de azúcar
1 golpe de angostura Siegert
Preparar en la coctelera, con hielo. Servir en copa baja con dos guindas al marrasquino, una corteza de naranja y otra de limón.

Non Plus Ultra

1/4 de crema de vainilla
1/4 de Bénédictine
1/4 de Chartreuse amarillo
1/4 de coñac
Verter directamente en una copa alta y estrecha, siguiendo el orden indicado, de manera que los ingredientes no se mezclen.

Pousse Café Parisienne

1/5 de jarabe de frambuesa
1/5 de marrasquino
1/5 de curaçao rojo
1/5 de Chartreuse amarillo
1/5 de cava
Verter lentamente los ingredientes en una copa alta, siguiendo el orden indicado, de forma que los elementos no se mezclen entre sí. Enfriar previamente la copa

Provolino

1/3 de zumo de pomelo
1/6 de cordial (licor afrutado)
1/2 de brandy
2 golpes de jarabe de grosella
Preparar en la coctelera, con hielo. Servir en copa ancha con una rodaja de pomelo y una corteza de limón.

Quickly

1/5 de curaçao rojo
2/5 de sambuca
2/5 de coñac
1 golpe de angostura Siegert
Utilizar la coctelera, con hielo. Servir en copa ancha, con cubitos de
hielo y con una corteza de naranja como decoración.

Rainbow Pousse Café

1/7 de crema de cacao
1/7 de crema de violeta
1/7 de Chartreuse amarillo
1/7 de marrasquino
1/7 de Bénédictine
1/7 de Chartreuse verde
1/7 de coñac
Verter todos los ingredientes directamente en un vaso estrecho,
siguiendo el orden indicado, de forma que no se mezclen los componentes entre sí. Enfriar previamente el vaso.

September Song

1 clara de huevo
1/4 de zumo de limón
3/4 de ron dorado
1 golpe de jarabe de grosella
Agitar vigorosamente durante unos minutos en la coctelera con
cubitos de hielo. Servir en copa baja.

Stars and Stripers

1/3 de crema de casis
1/3 de marrasquino
1/3 de Chartreuse verde
Verter directamente en una copa ancha siguiendo el orden indicado. Tener la precaución de no mezclar los ingredientes. La copa se
habrá enfriado ligeramente con anterioridad.

Stinger

1/3 de menta blanca
2/3 de coñac
Agitar en la coctelera con un poco de hielo. Servir en copa ancha, añadiendo directamente tres o cuatro gotas de limón (al gusto).

Vodka Stinger

1/3 de crema de menta blanca
2/3 de vodka
Agitar en la coctelera con cubitos de hielo. Servir en una copa alta.

What a Life

1/3 de Kümmel
2/3 de coñac
Agitar vigorosamente en la coctelera durante un par de minutos. Servir en copa ancha con hielo.

Cócteles de verano

Absenta

Pernod
1 cucharadita de anís
Agitar en la coctelera con algunos cubitos de hielo. Servir en vaso estrecho con una corteza de limón.

Acapulco Sour

1/4 de zumo de limón
3/4 de tequila
1/2 cucharadita de azúcar
Agitar en la coctelera con hielo picado. Servir en copa ancha, con un poco de soda, una rodaja de limón, una hoja de lechuga y una guinda.

Apple Pie

1/2 de vermut rojo
1/2 de ron dorado
1 cucharadita de zumo de limón
1 cucharadita de Apricot brandy
1 golpe de jarabe de grosella

Agitar en la coctelera con hielo picado. Servir en copa ancha, acompañado de un albaricoque cortado en cuatro partes.

Apricot Fizz

1/3 de zumo de naranja
2/3 de Apricot brandy
1/2 cucharadita de azúcar
Preparar en el vaso mezclador con hielo. Llenar los dos tercios de un vaso ancho enfriado con anterioridad en la nevera y añadir soda muy fría. Mezclar suavemente y servir.

Around the World

1/2 de zumo de piña
1/4 de crema de menta verde
1/4 de ron blanco
1 golpe de ginebra
Agitar con cubitos de hielo en la coctelera. Servir en vaso ancho, con soda y un trozo de piña en almíbar.

Balalaika

1/4 de zumo de limón
1/4 de Cointreau
2/4 de ron blanco
1 cucharadita de zumo de naranja
Preparar en el vaso mezclador con hielo picado. Servir en vaso bajo con una corteza de limón como decoración.

Beachcomber

1/6 de zumo de limón
1/6 de marrasquino
2/3 de ron
Agitar en la coctelera con hielo picado. Servir en vaso bajo, con medio limón cortado en rodajas.

Beer Sangaree

Cerveza helada
1 cucharadita de oporto
1/2 cucharadita de azúcar
Mezclar suavemente en un vaso mezclador con un poco de hielo picado. Servir en copa baja, con un poco de nuez moscada espolvoreada por encima.

Big Boy

1/3 de zumo de naranja
1/3 de triple sec
1/3 de coñac
Agitar bien en la coctelera con un poco de hielo picado. Servir en un vaso grande con algunos cubitos de hielo y dos rodajas de limón.

Black Fantasy

1/2 de vermut rojo
1/4 de crema de casis
1/4 de Pernod
Agitar en la coctelera con un poco de hielo. Servir en vaso estrecho con hielo y una rodaja delgada de limón.

Blanche de Blanche

1/6 de zumo de naranja
5/6 de cava
1 cucharadita de zumo de limón
1 golpe de angostura Siegert
Mezclar suavemente en el vaso mezclador con cubitos de hielo. Servir en vaso grande.

Brandy Fix

1/3 de zumo de limón
1/3 de coñac
1/3 de soda
Servir directamente en vaso alto con hielo. No es necesario complementar con frutas o hielo.

Brandy Gump

1/4 de zumo de limón
3/4 de coñac
1 golpe de jarabe de grosella
1 golpe de Bénédictine
Agitar enérgicamente en la coctelera con hielo. Servir en copa baja con hielo picado.

Bridge

1/2 de vermut seco.
1/2 de cherry brandy.
1 golpe de kirsch
1 golpe de Amer Picón
Agitar vigorosamente en la coctelera con hielo picado. Servir en copa ancha, con una rodaja de naranja, una de limón y tres o cuatro cerezas.

Café Royal Frappé

1/3 de café frío
2/3 de coñac
Agitar en la coctelera. Servir en vaso bajo con hielo picado.

Calura

1/4 de vermut rojo
1/4 de cherry brandy
2/4 de coñac
1 golpe de jarabe de grosella

1 gota de Bénédictine
Agitar en la coctelera con hielo. Servir en vaso bajo, complementado con una cereza como decoración.

Champagne Cobbler

1/6 de curaçao
5/6 de cava
1 cucharadita de zumo de limón
Servir directamente en copa baja, con hielo picado. Se puede decorar con dados de fruta del tiempo.

Chartreuse Double

2 yemas de huevo
1/4 de crema de leche
1 golpe de angostura Siegert
3/4 de Chartreuse amarillo
2 cucharaditas de azúcar
Se prepara en la batidora eléctrica. Batir durante unos minutos y añadir la leche al gusto. Servir en copa alta.

Chinese

1/4 de jarabe de grosella
3/4 de ron blanco
1 golpe de curaçao
1 golpe de marrasquino
1 golpe de angostura Siegert
Agitar en la coctelera con hielo. Servir en vaso alto con una guinda al marrasquino como complemento.

Coconut Cobbler

1/5 de zumo de limón
3/5 de cava
1/5 de crema de cacao

Servir directamente en copa ancha, llena hasta la mitad de hielo picado. Se puede decorar con tiras delgadas de coco.

Copacabana

1/3 de zumo de limón
1/3 de Grand Marnier
1/3 de tequila
1 huevo
1/2 cucharadita de azúcar
Agitar enérgicamente en la coctelera. Servir en vaso estrecho con hielo y una corteza de limón.

Coral Sea

1/4 de crema de menta
3/4 de vodka
1 cucharadita de zumo de limón
Preparar en el vaso mezclador con hielo picado. Servir en copa alta con hielo y una hoja de menta fresca como decoración.

Countress

1/4 de zumo de limón
1/4 de ron
2/4 de vodka
1 golpe de jarabe de grosella
Agitar vigorosamente durante unos minutos en la coctelera con hielo. Servir en copa ancha, con hielo picado y una rodaja de limón.

Country Club

1/5 de zumo de piña
1/5 de marrasquino
3/5 de coñac
1 golpe de Amer Picón

Preparar en el vaso mezclador con hielo picado. Llenar hasta la mitad una copa ancha. Añadir cava bien frío y servir con un dado de piña.

Cuernavaca Fizz

1/3 de zumo de limón
2/3 de tequila
1/2 cucharadita de azúcar
Preparar en el vaso mezclador con hielo. Servir llenando los dos tercios de un vaso ancho. Añadir soda muy fría y volver a mezclar suavemente.

Daiquiri

1/4 de zumo de limón
3/4 de ron blanco
1 cucharadita de azúcar
Preparar en el vaso mezclador con hielo picado. Servir en copa baja con hielo picado. No requiere decoración.

Diana

1/2 de crema de menta blanca
1/2 de coñac
Preparar directamente en copa baja, con hielo picado.

Easter

4/5 de vino blanco seco
1/5 de zumo de piña
1 cucharadita de azúcar
Preparar en el bol, con tres rodajas de piña cortadas en dados, un cuarto de melón cortado en trocitos y algunos granos de uva. Servir en copa ancha con hielo y una corteza de limón.

East India

1/8 de zumo de pomelo
1/8 de curaçao
6/8 de coñac
1 golpe de angostura Siegert
Remover en el vaso mezclador con hielo picado. Servir en copa ancha, con una corteza de limón y una cereza.

Estate Tropicale

1/5 de zumo de naranja
1/5 de zumo de pomelo
1/5 de zumo de piña
2/5 de ron
Agitar en la coctelera, con hielo. Se sirve en copa ancha, con una rodaja de naranja, una de pomelo, una de piña y una hoja de lechuga.

Fashing Fizz

1/3 de crema de casis
2/3 de kirsch
Agitar en la coctelera con cubitos de hielo. Llenar hasta la mitad un vaso alto, añadir soda muy fría y servir.

Florida Daisy

1/8 de zumo de limón
1/8 de Chartreuse amarillo
3/4 de ron dorado
Preparar en el vaso mezclador con hielo picado. Servir en vaso ancho, llenando los dos tercios y añadiendo soda.

Fuzzy Fizz

1/3 de crema de leche
2/3 de crema de menta verde

Agitar en la coctelera con cubitos de hielo. Llenar hasta la mitad un vaso alto, añadir soda y mezclar suavemente.

Gin Fizz

1/5 de zumo de limón
4/5 de ginebra
Agitar en la coctelera con mucho hielo batiéndolo con energía. Servir en vaso alto con hielo triturado, y decorado con una rodaja de limón y una guinda.

Golden Fizz

1 clara de huevo a punto de nieve
1/4 de zumo de limón
3/4 de calvados
1 cucharadita de azúcar en polvo
Agitar enérgicamente durante mucho rato en la coctelera con hielo. Llenar hasta la mitad un vaso estrecho, añadir soda muy fría. Mezclar todo suavemente.

Grasshopper

1/3 de crema de leche
1/3 de crema de menta verde
1/3 de crema de cacao
Se prepara en coctelera, con hielo. Servir en vaso estrecho con una hoja de menta como decoración.

Green Monster

1/2 de Chartreuse verde
1/2 de coñac
Preparar directamente en una copa ancha, con abundante hielo picado.

Habana

1/3 de zumo de piña
2/3 de ron Habana Club
1 cucharadita de zumo de limón
1 golpe de Amer Picón
Preparar en el vaso mezclador con hielo picado. Servir en vaso bajo con una rodaja de naranja, una de limón y un dado de piña. Añadir eventualmente una guinda al marrasquino.

Ice Cream Flip

1 huevo
1/2 de marrasquino
1/2 de curaçao azul
Helado de vainilla a voluntad
Agitar vigorosamente en la coctelera. Servir en copa baja enfriada previamente en la nevera, con un poco de nuez moscada rallada.

Jamaica Highball

1/5 de curaçao blanco
4/5 de coñac
Helado de limón
Preparar directamente en un vaso ancho mezclando suavemente el contenido con soda. Servir decorado con una corteza de limón.

Kingston

1/4 de zumo de limón
1/4 de Kümmel
2/4 de ron negro
Agitar en la coctelera con hielo picado. Servir en vaso bajo, con una rodaja de limón como complemento.

Liqueur Float

Coñac
Nata
Se prepara directamente en copa ancha en la que se pondrá hielo picado. Se vierten los ingredientes de tal manera que la nata flote sobre el coñac.

Loud-Speaker

1/4 de zumo de pomelo
1/4 de Cointreau
3/8 de coñac
1/8 de ginebra
Agitar en la coctelera con cubitos de hielo. Servir en vaso ancho con dos gajos de pomelo.

Mai Tai

1/5 de zumo de limón
1/5 de curaçao
3/5 de ron dorado
1/2 cucharadita de azúcar
Preparar en el vaso mezclador con hielo picado. Servir en vaso alto, decorado con hojas de menta fresca.

Manga Reva

1/5 de zumo de piña
1/5 de triple sec
3/5 de calvados Boulard
1 cucharadita de miel
Agitar en la coctelera con mucho hielo picado. Servir en media nuez de coco, decorada con un trocito de piña y una guinda en almíbar.

Matador

1/3 de zumo de piña
2/3 de tequila
1 cucharadita de zumo de limón
1 golpe de jarabe de frambuesa
Preparar en el vaso mezclador con mucho hielo. Servir en vaso bajo con una cereza como complemento.

Matin Rose

1/3 de zumo de limón
1/3 de Cointreau
1/3 de ron blanco
2 golpes de jarabe de grosella
Agitar en la coctelera con cubitos de hielo. Servir en copa baja con una rodaja de limón.

Mint Collins

1/5 de zumo de limón
4/5 de crema de menta verde
1 golpe de coñac
Preparar con hielo en el vaso mezclador. Llenar hasta la mitad un vaso ancho y añadir soda muy fría. Servir con una rodaja de limón y una cereza.

Mockinbird

1/3 de crema de menta verde
2/3 de tequila
1 cucharadita de zumo de limón
Preparar en el vaso mezclador con un poco de hielo picado. Servir en un vaso bajo, con una rodaja de limón y una pequeña hoja de menta.

Moonlight Cooler

1/3 de crema de cacao
1/2 de calvados
Agitar en la coctelera con hielo. Llenar hasta la mitad un vaso ancho y añadir leche fría. Se puede espolvorerar con canela.

Nightmare

1/3 de zumo de limón
1/3 de Cointreau
1/3 de ron negro
1 golpe de vermut rojo
Agitar en el vaso mezclador con cubitos de hielo. Servir en copa baja con hielo y una corteza de limón.

Ombra

1/3 de zumo de limón
1/3 de jarabe de sidra
1/3 de kirsch
Preparar en el vaso mezclador con hielo picado. Servir en copa ancha con soda muy fría y una rodaja de limón.

Pancho Villa

1/6 de zumo de pomelo
1/3 de Peach brandy
1/6 de ginebra
1/3 de ron
Agitar en la coctelera con hielo. Servir en copa baja con una rodaja de pomelo y una cereza como decoración.

Pimm's Cup

Brandy
Se prepara directamente en la copa, en la que se habrá puesto una

ramita de menta, una cucharadita de azúcar, una rodaja de naranja, una rodaja de limón y dados de fruta del tiempo. Mezclar y añadir soda bien fría.

Poker

1/3 de vermut
2/3 de ron blanco
1 cucharadita de zumo de piña
1 golpe de Amer Picón
Preparar en el vaso mezclador con hielo. Servir en un vaso bajo con una corteza de naranja y un dado de piña.

Poor Dear Old Thing

1/3 de jerez oloroso
2/3 de ron negro
Zumo de limón
Preparar en el vaso mezclador con mucho hielo picado. Servir en copa baja con una corteza de limón y una cereza.

Quarter Deck

1/4 de jerez Tío Pepe
3/4 de ron dorado
1 cucharadita de zumo de limón
Agitar en la coctelera con hielo. Servir en copa baja, y adornar con una cebollita.

Red Flag

1/4 de zumo de piña
1/4 de zumo de naranja
1/4 de ginebra
1/4 de ron
1 golpe de jarabe de grosella

Agitar bien en la coctelera con hielo. Servir en copa ancha con una rodaja de naranja, un dado de piña, una guinda y un poco de soda.

Red Swizzle

1/4 de jarabe de frambuesa
1/4 de zumo de naranja
2/4 de coñac
2 golpes de angostura Siegert
Preparar directamente en un vaso ancho, mezclándolo todo con soda muy fría y un poco de hielo. Se puede decorar con una rodaja de naranja.

Roman Punch

1 clara de huevo montada a punto de nieve
1/5 de zumo de naranja
2/5 de zumo de limón
1/5 de cava
1/5 de ron
1 cucharadita de azúcar
1 golpe de Amer Picón
Preparar en un bol con hielo removiendo suavemente. Servir en vaso ancho, con hielo picado, soda y una rodaja de naranja.

Saint-Germain

1 clara de huevo
1/4 de zumo de piña
1/4 de zumo de pomelo
2/4 de Chartreuse verde
Agitar en la coctelera con algunos cubitos de hielo. Servir en una copa ancha con hielo picado, dos gajos de pomelo y dos dados de piña.

San Babila

1/2 de zumo de melocotón
1/2 de coñac
Agitar en la coctelera con cubitos de hielo. Llenar una copa hasta la mitad. Añadir el cava muy frío y mezclar suavemente.

Scorpion Punch

1/3 de vino blanco
1/12 de coñac
1/12 de ginebra
1/2 de ron blanco
1 cucharadita de zumo de limón
Preparar en un bol con hielo y hojas de menta. Servir en medio coco, decorado con una gardenia.

Shangai

2/5 de zumo de pomelo
3/5 de ron blanco
1 cucharadita de Pernod
4 gotas de jarabe de grosella
Agitar en la coctelera con cubitos de hielo. Servir en vaso ancho, con un trocito de pomelo y una corteza de limón.

Ship

1/5 de zumo de melocotón
2/5 de jerez seco
2/5 de whisky
1 golpe de Campari
Agitar en la coctelera con cubitos de hielo. Servir en copa ancha, con dos cubitos de hielo, una rodaja de naranja y una guinda en almíbar.

Snorkel Punch

1/3 de Cointreau
1/3 de curaçao rojo
1/3 de coñac
Preparar en un bol lleno hasta la mitad de hielo y cava. Agitar con cuidado. Servir en copa con trocitos de fruta del tiempo.

Snow White

1 clara de huevo montada a punto de nieve
2/5 de zumo de piña
3/5 de ron blanco
1 cucharadita de zumo de limón
Agitar en la coctelera con cubitos de hielo. Servir en vaso estrecho con hielo y un dado de piña.

Star Daisy

2/5 de zumo de limón
1/5 de ginebra
2/5 de calvados Boulard
1 cucharadita de jarabe de frambuesa
Agitar en la coctelera con mucho hielo. Llenar una copa hasta la mitad, añadir soda muy fría y servir con fruta cortada en dados pequeños.

Sweet Flower

2/5 de zumo de pomelo
1/5 de Campari
2/5 de ron blanco
1 golpe de crema de plátano
Preparar en el vaso mezclador con hielo picado. Servir en copa ancha con una cereza como decoración.

Tennesse Julep

1/4 de zumo de naranja
1/4 de cava
1/4 de marrasquino
1/4 de ginebra
Preparar directamente en una copa con hielo picado y hojas de menta, mezclando suavemente. Servir con un dado de piña y algunas cerezas.

Trix

1/3 de vino tinto
1/3 de cherry brandy
1/3 de coñac
1 cucharadita de azúcar
Agitar en la coctelera con un poco de hielo. Servir en copa ancha con tres rodajas de limón.

Vodka Daisy

1/8 de zumo de limón
1/8 de jarabe de grosella
3/4 de vodka
Agitar en la coctelera con hielo. Llenar una copa ancha hasta la mitad, añadir soda y cubitos de hielo. Servir con fruta cortada en dados.

Wedding Punch

1/2 de vino blanco
1/6 de cava
1/6 de triple sec
1/6 de kirsch
Mezclar suavemente en un bol con mucho hielo. Servir en copa ancha decorada con fresas.

Whitehorse Fizz

Ginebra
1 cucharaditas de helado de vainilla
Preparar directamente en un vaso bajo con soda, mezclando suavemente.

Yellow Bird

1/2 de zumo de naranja
1/2 de Cointreau
Preparar en el vaso mezclador con hielo. Llenar la mitad de una copa ancha y añadir cava muy frío. Servir con hielo y dos cortezas de naranja.

Cócteles contra el frío

Ale Flip

1 huevo batido
Cerveza
Servir directamente en una copa con mucho hielo. Mezclar suavemente.

Alexander II

1/3 de crema de leche
1/3 de crema de cacao
1/3 de coñac
Agitar en el coctelera con cubitos de hielo. Servir en copa baja y espolvorear con cacao para su decoración.

Ambassador's Morning Eggnog

1 yema de huevo
1/4 de crema de leche
1/4 de Apricot brandy

2/4 de whisky
1/2 cucharadita de azúcar
Agitar vigorosamente en la coctelera con cubitos de hielo. Servir
en vaso estrecho espolvoreándolo con cacao amargo.

Antoninus Pius

1/4 de Chartreuse
1/4 de coñac
1/4 de Grand Marnier amarillo
1 golpe de vodka
1 golpe de angostura Siegert
1 cucharada de azúcar
Verter los diferentes elementos en el vaso mezclador. Flambear y
servir en copa ancha. No debe decorarse.

Apple Toddy

Calvados Boulard
1 pedazo de manzana cocida al horno
1 golpe de Grand Marnier
Agitar en la coctelera. Añadir agua hirviendo. Servir en copa ancha,
con nuez moscada rallada y una corteza de limón.

Baltimore Eggnog

1 yema de huevo
2/5 de leche
1/5 de jerez
1/5 de ron blanco
1/5 de coñac
1/2 cucharadita de azúcar
Preparar en la coctelera con algunos cubitos de hielo. Añadir una
clara de huevo montada a punto de nieve. Servir en vaso ancho con
un poco de nuez moscada rallada.

Beaux Arts

1 clara de huevo
1/6 de zumo de naranja
1/6 de Apricot brandy
2/3 de vodka
1 golpe de jarabe de grosella
Preparar en coctelera, con hielo. Servir en copa ancha con una rodaja de naranja y una espiral de corteza de limón.

Bel Angevin

1/3 de crema de leche
1/3 de vermut blanco
1/3 de Cointreau
Agitar en la coctelera. Servir en vaso estrecho.

Best Punch

2/7 de té
1/7 de zumo de limón
1/7 de curaçao
1/7 de ron blanco
2/7 de coñac
Preparar en un bol con cubitos de hielo. Servir en copa ancha con
trocitos de fruta del tiempo.

Between the Sheets

1/3 de curaçao
1/3 de ron dorado
1/3 de coñac
1 golpe de zumo de limón
Agitar en la coctelera con algunos cubitos de hielo. Servir en vaso
alto con rodaja de naranja, de limón y de pomelo.

Bishop Punch

1/3 de zumo de limón
1/3 de ron blanco
1/3 de coñac
Cava a voluntad
Preparar en un bol, con abundantes cubitos de hielo. Decorar con dados de fruta del tiempo. Servir en copa ancha.

Blue-Blazer Punch

1/4 de crema de plátano
1/4 de Apricot brandy
2/4 de vodka
2 cucharaditas de zumo de limón
Preparar en un bol con cubitos de hielo. Servir en copa ancha con una rodaja de naranja y una cereza como decoración.

Bombay Punch

1/2 de champagne
1/8 de jerez Tío Pepe
1/8 de marrasquino
1/8 de curaçao
1/8 de coñac
Mezclar con cuidado en un bol con cubitos de hielo. Añadir dados de fruta del tiempo. Servir en copa.

Boston Flip

1 huevo
1/2 de oporto
1/4 de vermut rojo
1/4 de whisky
1/2 cucharadita de azúcar
Agitar vigorosamente en la coctelera con hielo. Servir en vaso bajo, y espolvorear con ralladura de nuez moscada.

Brandy Scaffa

1/2 de marrasquino
1/2 de coñac
1 golpe de angostura Siegert
Preparar directamente en copa baja, con hielo. Se sirve decorado con una guinda al marrasquino.

Breakfast Eggnog

1 yema de huevo
2/3 de leche
1/6 de curaçao rojo
1/6 de coñac
Azúcar
Preparar en una coctelera, con hielo. Agitar durante un par de minutos. Añadir la clara de huevo, montada a punto de nieve. Remover con suavidad. Servir en ancho, con un poco de nuez moscada rallada.

Cantores

1 huevo
Vodka
1 cucharadita de jarabe de horchata
1 cucharadita de jarabe de grosella
2 cucharaditas de zumo de limón
2 golpes de angostura Siegert
Preparar en coctelera, con abundante hielo. Servir en vaso ancho y añadir agua tónica al gusto.

Champagne Punch

1/2 de cava
1/4 de vodka
1/4 de coñac
1 golpe de Grand Marnier
Servir directamente en copa ancha, con hielo, una rodaja de naranja, dos granos de uva y una guinda en almíbar.

Cherry Blossom

3/5 de Cherry brandy
2/5 de coñac
1/2 cuchara de zumo de frambuesa
1 golpe de curaçao
Zumo de limón
Preparar en coctelera, con hielo. Servir en copa ancha, con una guinda en almíbar como decoración.

Christmas Eggnog

1 yema de huevo
3/4 de leche
1/8 de ron negro
1/8 de whisky
Azúcar
Agitar en la coctelera con hielo. Añadir la clara de huevo, montada a punto de nieve. Servir en vaso ancho, y espolvorear por encima con nuez moscada.

Christmas Punch

1/2 de ron blanco
1/2 de coñac
4 naranjas
Azúcar
Después de haber partido por la mitad las naranjas y haber clavado dos clavos de especia en cada una, meterlas en el horno hasta que la piel se dore. Ponerlas en un bol. A continuación, verter los licores y el azúcar por encima. Flamear, apagar después de unos diez segundos y añadir sidra. Servir en copa ancha con nuez moscada rallada y canela en polvo.

Close Up

1/4 de cherry brandy
1/4 de Cointreau
1/4 de akvavit

1/4 de ginebra
Zumo de limón
Preparar en la coctelera, con abundante hielo. Servir en vaso estrecho. Se puede decorar con una rodaja de naranja.

Corpse Reviver

1/4 de vermut rojo
1/4 de calvados Boulard
2/4 de coñac
Preparar en el vaso mezclador. Servir en vaso bajo con dos cubitos de hielo.

Cuban Eggnog

1 yema de huevo
3/4 de leche
1/4 de ron dorado
Preparar en coctelera, con hielo. Añadir una clara de huevo, montada a punto de nieve. Servir en vaso alto, con un poco de nuez moscada rallada.

Czarina

1/4 de vermut seco
1/4 de Apricot brandy
2/4 de Vodka
Mezclar en el vaso mezclador con cubitos de hielo. Agitar rápidamente. Servir en copa alta y estrecha.

Deborah

Coñac
1 cucharadita de cherry brandy
1 cucharadita de triple sec

Preparar en el vaso mezclador con cubitos de hielo. Servir en copa baja con una cereza como decoración.

Drakkar

1/5 de crema de plátano
1/5 de ginebra
3/5 de Bénédictine
Agitar en la coctelera. Servir en copa alta.

Egg Sour

1 huevo
1/3 de zumo de limón
1/3 de curaçao
1/3 de coñac
Agitar vigorosamente en la coctelera con cubitos de hielo. Servir en copa ancha con un poco de soda, una rodaja de limón y una guinda.

Frozen Eggnog

1 yema de huevo
2/3 de crema de leche
1/6 de ron blanco
1/6 de coñac
Vainilla en polvo
Azúcar
Preparar en la coctelera, con hielo. Añadir posteriormente la clara del huevo, montada a punto de nieve. Servir en vaso alto, espolvoreando con nuez moscada rallada y un poco de vainilla.

Fuji-Yama

1/3 de Dubonnet
1/6 de ginebra
1/2 de saké

1 cucharadita de zumo de limón
1 golpe de jarabe de grosella
Preparar en el vaso mezclador con algunos cubitos de hielo. Servir en copa alta con una rodajita de limón como decoración.

George

1/3 de crema de plátano
1/3 de curaçao
1/3 de crema de leche
1 cucharadita de zumo de naranja
1 golpe de coñac
Agitar vigorosamente en una coctelera con hielo. Servir en copa baja con una guinda en almíbar.

Havana Punch

1/5 de zumo de limón
4/5 de ron blanco
1 golpe de curaçao
Preparar en un bol con hielo y soda a voluntad. Agitar suavemente. Servir en copa baja con una rodajita de limón y una hoja de lechuga.

Horseguard

1/5 de curaçao
4/5 de ron blanco
1 cucharadita de zumo de limón
Agitar en la coctelera con algunos cubitos de hielo. Llenar una copa ancha hasta la mitad. Añadir cava muy frío y servir.

Independence Punch

1/10 de té frío
1/5 de zumo de limón
1/2 de vino tinto

1/10 de cava
1/10 de coñac
Preparar en un bol, con hielo, y decorar con dados de fruta del tiempo. Servir en copa baja con una corteza de limón.

Jack's Fancy

1/3 de zumo de limón
2/3 de tequila
1 golpe de crema de casis
Preparar en un vaso mezclador con hielo. Servir en copa, con el borde bañado en zumo de limón y pasado por azúcar.

Jungle

1/3 de vermut seco
1/3 de jerez Tío Pepe
1/3 de tequila
Agitar en la coctelera con cubitos de hielo. Servir en copa baja con una guinda en almíbar.

Lakeside

1/4 de crema de menta
1/4 de crema de cacao
1/4 de Cointreau
1/4 de coñac
Agitar en la coctelera con cubitos de hielo. Servir en vaso estrecho, con una ramita de menta y una rodaja de zanahoria.

Last Call

3/4 de oporto
1/4 de coñac

Preparar en el vaso mezclador con un poco de hielo picado. Servir en copa ancha con un rábano redondo de complemento.

Manuel

1/5 de zumo de limón
1/5 de triple sec
3/5 de calvados Boulard
1 cucharadita de miel
Agitar en la coctelera con hielo. Servir en copa ancha.

Mare di San Remo

1/2 de ron
1/2 de vodka
2 golpes de curaçao azul
Preparar directamente en copa alta con dos cubitos de hielo.

Milk Punch

1/2 de leche, fría o caliente
1/6 de coñac
1/6 de ron
1/6 de zumo de limón
Añadir clavos de especia y semillas de cilantro. Preparar en un bol y servir en copa ancha, decorada con dados de piña.

Mountainside Eggnog

1 huevo
3/4 de leche
1/4 de coñac
1/2 cucharadita de azúcar en polvo
Verter la yema del huevo en la coctelera y agitar con un poco de hielo. Añadir la leche, el coñac y el azúcar. Seguir agitando y añadir la clara del huevo, montada a punto de nieve. Servir en vaso alto y espolvorear un poco de nuez moscada.

Peach Sangaree

Peach Brandy
Zumo de limón
1 golpe de oporto
Mezclar con cubitos de hielo en un vaso mezclador. Llenar un vaso estrecho hasta los dos tercios, añadir soda y un golpe de oporto. Servir después de espolvorear un poco de nuez moscada rallada.

Port Sangaree

Oporto
1/2 cucharadita de azúcar
1 golpe de coñac
Agitar en una coctelera con algunos cubitos. Llenar los dos tercios de un vaso estrecho. Añadir soda y un golpe de coñac. Servir con un poco de nuez moscada rallada.

Praliné

1/4 de Dubonnet
2/4 de vodka
1/4 de zumo de piña
1 golpe de marrasquino
1 cucharadita de crema de leche
Agitar con un poco de hielo en la coctelera. Servir en copa alta decorada con una cereza.

Quelle Vie

1/5 de Kümmel
4/5 de coñac
Agitar en la coctelera con algunos cubitos de hielo. Servir en copa baja.

R.A.F.

1/4 de zumo de limón
1/4 de Apricot brandy
2/4 de calvados Boulard
Agitar enérgicamente en la coctelera con algunos cubitos de hielo.
Servir en copa ancha con una rodaja de limón.

Richard's Fancy

1/6 de marsala
1/6 de marrasquino
2/3 de coñac
2 golpes de angostura Siegert
1 cucharadita de zumo de limón
Azúcar
Preparar en el vaso mezclador con algunos cubitos. Servir en copa
ancha. Bañar el borde con zumo de limón y pasarlo por azúcar.

Roulette

1/2 de calvados Boulard
1/4 de caloric punch
1/4 de ron dorado
Agitar en la coctelera con cubitos de hielo. Servir en vaso bajo decorado con una corteza de limón.

San Giusto

1/5 de Amer Picón
4/5 de vodka
Zumo de limón
Agitar en la coctelera con algunos cubitos. Servir en copa alta con
una guinda al marrasquino y una corteza de naranja, que previamente se habrá estrujado en la copa.

Scandal

1/3 de curaçao
1/3 de crema de café
1/3 de vodka
Zumo de limón
Agitar en la coctelera con cubitos de hielo. Servir en copa baja con una corteza de limón. Se puede complementar con un golpe de zumo de limón.

Shake Pick Me Up

1 yema de huevo
1/5 de curaçao
4/5 de ron
1 golpe de Pernod
1/2 cucharadita de azúcar
Agitar en la coctelera con algunos cubitos de hielo. Servir en un vaso bajo. Se puede decorar con algunos dados de fruta del tiempo.

Siberia

1/4 de zumo de limón
3/4 de vodka
1 golpe de triple sec
Preparar en el vaso mezclador con un poco de hielo. Servir en copa alta con hielo y una corteza de limón.

Square Mile

1 clara de huevo, montada a punto de nieve.
1/5 de curaçao azul
4/5 de coñac
Agitar vigorosamente durante unos minutos en la coctelera. Servir en vaso estrecho con hielo.

Sweet Lorraine

1/2 de crema de frambuesa
1/2 de curaçao rojo
Mezclar en la coctelera con un poco de hielo picado. Servir en vaso bajo con una hoja de lechuga.

Tantalus

1/4 de Cointreau
3/4 de coñac
Zumo de naranja
1 golpe de Peach brandy
Preparar en el vaso mezclador con un poco de hielo. Servir en copa ancha con hielo, una rodaja de naranja y una corteza de limón.

Tea Punch

2/3 de té hirviendo
1/3 de ron negro
Azúcar
Preparar en un bol en el que se habrá depositado previamente un limón cortado en rodajas. Servir en copa.

Tom y Jerry

1 huevo
1/3 de ron
1/3 de leche
1/3 de coñac
Azúcar en polvo
Batir separadamente la yema y la clara del huevo; mezclarlos y añadir el azúcar; después añadir el ron y un poco más de azúcar. Verter la combinación en un vaso bajo llenándolo hasta su tercera parte. Añadir la leche hirviendo y el coñac. Servir con un poco de nuez moscada rallada.

Tornado

1/5 de zumo de naranja
1/5 de Apricot brandy
1/5 de ginebra
2/5 de Southern Comfort
Agitar en la coctelera con hielo. Servir en copa baja con una corteza de naranja y una aceituna.

Touch Me Not

1/6 de zumo de limón
1/6 de crema de casis
1/6 de curaçao
3/6 de ron blanco
Agitar en la coctelera con un poco de hielo picado. Servir en vaso bajo con una rodaja de limón y una de pomelo.

Trianon

1/5 de zumo de limón
1/5 de curaçao
3/5 de arak
Agitar enérgicamente en la coctelera con cubitos de hielo. Servir en vaso bajo con una rodaja de limón.

Twelve Miles out

1/3 de calvados Boulard
1/3 de caloric punch
1/3 de ron
Agitar en la coctelera. Servir en vaso bajo con una corteza de naranja o de limón como decoración.

Vodka Special

1/4 de zumo de limón
1/4 de crema de cacao
2/4 de vodka

Agitar enérgicamente durante un par de minutos la coctelera con dos cubitos de hielo. Servir en copa alta con hielo. Espolvorear con chocolate rallado.

White Plush Eggnog

1 yema de huevo
1/2 de leche
1/4 de ginebra
1/4 de whisky
Azúcar
Agitar vigorosamente en la coctelera con hielo. Añadir una clara de huevo, montada a puntos de nieve. Servir en vaso estrecho, y espolvorerar un poco de nuez moscada rallada.

Winter Club

3/4 de vino rojo
1/8 de zumo de limón
1/8 de coñac
Mezclar suavemente en el vaso mezclador con un poco de hielo picado. Servir en copa. Llenarla hasta la mitad y añadir cava.

Xantippe

1/4 de cherry brandy
1/4 de Chartreuse amarillo
2/4 de vodka
Preparar en el vaso mezclador con hielo. Servir en copa baja con una cereza como decoración.

Xeres Eggnog

1 yema de huevo
2/3 de leche
1/3 de jerez Tío Pepe
Azúcar

Agitar vigorosamente en la coctelera con hielo. Añadir una clara de huevo, montada a punto de nieve. Servir en vaso bajo con un poco de nuez moscada rallada.

Yellow Parrot

1/3 de Pernod
1/3 de Apricot brandy
1/3 de Chartreuse amarillo
Agitar vigorosamente en la coctelera. Servir en vaso estrecho, decorado con una rodaja de naranja y con hielo a discreción.

Zoom in Hell

1/3 de crema de leche
2/3 calvados Boulard
1 cucharadita de miel
Agitar en la coctelera con algunos cubitos de hielo. Servir en copa baja. Se puede decorar con una rodaja de naranja.

Índice alfabético

ALGUNOS LICORES Y AGUARDIENTES, 9
Acquavit, 9
Amer picón, 9
Angélica, 9
Angostura, 9
Anissette (Anís), 10
Apple brandy, 10
Arak, 10
Armagnac, 10
Bénédictine, 10
Bitter, 10
Blackberry, 10
Brandy, 10
Cachaca, 10
Calvados, 10
Chartreuse, 10
Cherry brandy, 10
Coñac, 11
Cointreau, 11
Crema, 11
Curaçao, 11

Genievre, 11
Gentiane, 11
Grand Marnier, 11
Guarapo, 11
Kirsch, 11
Kümmel, 11
Mandarina, 11
Marrasquino, 11
Marc, 11
Mirabelle, 12
Orange brandy, 12
Parfait amour, 12
Peach brandy, 12
Pernod, 12
Prunelle, 12
Quetsche, 12
Ron, 12
Schnaps, 12
Jerez, 12
Suze, 12
Tequila, 13

Triple sec, 13
Vermut, 13
Vodka, 13
Whisky, 13
Zobrowka, 13

TRAGOS LARGOS Y TRAGOS CORTOS, 19
Buck, 19
Cobbler, 19
Cooler, 20
Cup, 20
Daisy, 20
Fix, 20
Flip, 20
Highball, 20
Punch, 20
Rickey, 20
Sangaree, 20
Sour, 20
Swizzle, 21
Toddy, 21
Zombie, 21
Zoom, 21

CÓCTELES A BASE DE WHISKY, 23
Appetizer, 23
Barbary Coast, 23
Bittersweet, 24
Blacktorn, 24
Bobby Burns, 24
Boomerang, 24
Boston Sour, 24
Bowbells, 25
Brainstorm, 25
Cablegram Highball, 25
California Lemonade, 25
Campo Sud, 26
Chartreuse, 26

Churchill, 26
Commando, 26
Commodoro, 27
Criollo, 27
Derby Fizz, 27
Dixie Julep, 27
Fancy Free, 28
Florida, 28
Flying Dutchman, 28
Ginger-Ale Bourbon, 28
Horse's Neck Highball, 29
Imperial Fizz, 29
Irish, 29
Irish Coffee, 29
Irish Collins, 30
Japanese Fizz, 30
Jet, 30
King, 30
King Edward, 31
King's Club, 31
Ladies, 31
Lancero de Bengala, 31
Liberal, 31
Los Angeles, 32
Magic Trace, 32
Mamie Highball, 32
Mancino, 32
Manhattan, 33
Mickey Mouse, 33
Modern, 33
Montecarlo, 33
Morning Glory, 34
Morning Glory Fizz, 34
Morning Smile, 34
Mountain, 34
Mousquetaire, 35
Old Fashioned, 35
Onda Azurra, 35

Oriental, 35
Palmer, 36
Periferia, 36
Récord, 36
Red Devil Reviver, 36
Rob Roy, 37
Sardegna, 37
Sazerac, 37
Scoth Highball, 37
Southern Julep, 37
St. Patrick's, 38
Tea for Two, 38
Tipperary, 38
Toronto, 38
Tuxedo Julep, 39
Westminster, 39
Whisky Collins, 39
Whisper, 39
Whisper of the Frost, 40

CÓCTELES A BASE DE GINEBRA, 41
Alexander III, 41
Ambassador, 41
Army and Navy, 41
Around the World, 42
Atlantic, 42
Bermuda Highball, 42
Black Hawk, 42
Blackmail, 43
Boxar, 43
Bronx, 43
Bronx Silver, 43
Cardinale, 44
Carioca, 44
Caruso, 44
Casanova, 44
Charlie Chaplin, 44
Circus Rickey, 45

Clover Club, 45
Colonial II, 45
Conca d'Oro II, 45
Cream Fizz, 46
Delicious Sour, 46
Dixie, 46
Dubonnet Highball, 46
Duque de Manchester, 47
El Morocco, 47
Fairbank, 47
Fancy Smash, 47
Fun and Games, 47
Gimlet, 48
Gin and It, 48
Gin Swizzle, 48
Green Dragon, 48
Green Lady, 49
Houla Houla, 49
Isola d'Oro, 49
Kandahar Fizz, 49
King, 50
Leave It to Me I, 50
Long Glen Highball, 50
Lullaby, 50
Martini Dry, 51
Martini on the Rocks, 51
Mayfair, 51
My Fair Lady, 51
New Orleans Fizz, 52
Ópera, 52
Pacific I, 52
Parfait, 52
París, 53
Princetown, 53
Roaring River, 53
Rose I, 53
Russian, 54
Silver Fizz, 54

Smile, 54
Snow Ball, 54
St. Raphael, 54
Tennis, 55
Top Hat, 55
Tuxedo, 55
Up Side, 55
Virgin, 56
Webster, 56
Wembley, 56
White Bady, 56
White Way, 56
You, 57
Zaza, 57
Zíngara, 57

CÓCTELES APERITIVO, 59
Alfonso, 59
Americano, 59
Arianna, 59
Black Martini, 60
Bloodhound, 60
Bloody Mary, 60
Bombay, 60
Brandy, 61
Brandy Crusta, 61
Bushranger, 61
Cavaliere, 61
Classic, 62
Cremisi, 62
Danubio Azul, 62
Depth Bomb, 62
El presidente, 63
Fair Weather, 63
Fancy, 63
Fiesta, 63
Funny Girl, 64
Girasol, 64

Gymkana, 64
Harvard, 64
Jack, 65
Kansas, 65
Klondike, 65
Man, 65
Martinique, 66
Milano-Torino, 66
New Yorker, 66
Olympic, 66
Palmito, 66
Pax, 67
Pompier, 67
Press, 67
Red Velvet, 67
Rhum Crusta, 68
Satanás, 68
South Pole, 68
Spring, 68
Sweet Memories, 69
Tampico, 69
Tequini, 69
Upstairs, 69
V.I.P. 69
Vodka Gipsy, 70
Volga, 70

CÓCTELES DIGESTIVOS, 71
After Dinner, 71
After Supper, 71
Angel Wing, 71
Anís, 72
Armagnac, 72
Black Jack, 72
Bols Pousse Café, 72
Cadrin Pusse-café, 73
Champs Elysées, 73
Charly Max, 73

Cointreau Daiquiri, 73
Donald Duck, 74
Esmeralda, 74
Fog Cutter, 74
Forbidden, 74
Gin Fizz, 74
Holandés, 75
Honeymoon, 75
Ice Coffee, 75
Jersey, 75
Karate, 76
Leave It to Me II, 76
Mar del Plata, 76
Miramar, 76
New Long, 77
Noc Plus Ultra, 77
Pousse Café Parisienne, 77
Provolino, 77
Quickly, 77
Rainbow Pousse Café, 78
September Song, 78
Stars and Stripes, 78
Stinger, 79
Vodka Stinger, 79
What a life, 79

CÓCTELES DE VERANO, 81
Absenta, 81
Acapulco Sour, 81
Apple Pie, 81
Apricot Fizz, 82
Around the World, 82
Balalaika, 82
Beachcomber, 82
Beer Sangaree, 83
Big Boy, 83
Black Fantasy, 83
Blanche de Blanche, 83

Brandy Fix, 84
Brandy Gump, 84
Bridge, 84
Café Royal Frappé, 84
Calura, 84
Champagne Cobbler, 85
Chartreuse Double, 85
Chinese, 85
Coconut Cobbler, 85
Copacabana, 86
Coral Sea, 86
Countress, 86
Country Club, 86
Cuernavaca Fizz, 87
Daiquiri, 87
Diana, 87
Easter, 87
East India, 88
Estate Tropicale, 88
Fashing Fizz, 88
Florida Daisy, 88
Fuzzy Fizz, 88
Gin Fizz, 89
Golden Fizz, 89
Grasshopper, 89
Green Monster, 89
Habana, 90
Ice Cream Flip, 90
Jamaica Highball, 90
Kingston, 90
Liqueur Float, 91
Loud-Speaker, 91
Mai Tai, 91
Manga Reva, 91
Matador, 92
Matin Rose, 92
Mint Collins, 92
Mockinbird, 92

Moonlight Cooler, 93
Nightmare, 93
Ombra, 93
Pancho Villa, 93
Pimm's Cup, 93
Poker, 94
Poor Dear Old Thing, 94
Quarter Deck, 94
Red Flag, 94
Red Swizzle, 95
Roman Punch, 95
Saint-Germain, 95
San Babila, 96
Scorpion Punch, 96
Shangai, 96
Ship, 96
Snorkel Punch, 97
Snow White, 97
Star Daisy, 97
Sweet Flower, 97
Tennessee Julep, 98
Trix, 98
Vodka Daisy, 98
Wedding Punch, 98
Whitehorse Fizz, 99
Yellow Bird, 99

CÓCTELES CONTRA EL FRÍO, 101
Ale Flip, 101
Alexander II, 101
Ambassador's Morning Eggnog, 101
Antoninus Pius, 102
Apple Toddy, 102
Baltimore Eggnog, 102
Beaux Arts, 103
Bel Angevin, 103
Best Punch, 103
Between the Sheets, 103

Bishop Punch, 104
Blue-Blazer Punch, 104
Bombay Punch, 104
Boston Flip, 104
Brandy Scaffa, 105
Breakfast Eggnog, 105
Cantores, 105
Champagne Punch, 105
Cherry Blossom, 106
Christmas Eggnog, 106
Christmas Punch, 106
Close Up, 106
Corpse Reviver, 107
Cuban Eggnog, 107
Czarina, 107
Deborah, 107
Drakkar, 108
Egg Sour, 108
Frozen Eggnog, 108
Fuji-Yama, 108
George, 109
Havana Punch, 109
Horseguard, 109
Independence Punch, 109
Jack's Fancy, 110
Jungle, 110
Lakeside, 110
Last Call, 110
Manuel, 111
Mare di San Remo, 111
Milk Punch, 111
Mountainside Eggnog, 111
Peach Sangaree, 112
Port Sangaree, 112
Praliné, 112
Quelle Vie, 112
R.A.F., 113
Richard's Fancy, 113

Roulette, 113
San Giusto, 113
Scandal, 114
Shake Pick Me Up, 114
Siberia, 114
Square Mile, 114
Sweet Lorraine, 115
Tantalus, 115
Tea Punch, 115
Tom y Jerry, 115
Tornado, 116

Touch Me not, 116
Trianon, 116
Twelve Miles Out, 116
Vodka Special, 116
White Plush Eggnog, 117
Winter Club, 117
Xantippe, 117
Xeres Eggnog, 117
Yellow Parrot, 118
Zoom in Hell, 118